冲破壁垒 日立の壁

日立的重生

[日] 东原敏昭 著
日立制作所会长

朱波 译

現場力で「大企業病」
に立ち向かい、
世界に打って出た
改革の記録

机械工业出版社
CHINA MACHINE PRESS

HITACHI NO KABE by Toshiaki Higashihara
Copyright © 2023 Toshiaki Higashihara
All rights reserved.
Original Japanese edition published by TOYO KEIZAI INC.
Simplified Chinese translation copyright © 2024 by China Machine Press Co., Ltd.
This Simplified Chinese edition published by arrangement with TOYO KEIZAI INC., Tokyo, through BARDON CHINESE CREATIVE AGENCY LIMITED, Hong Kong. This edition is authorized for sale in the Chinese mainland (excluding Hong Kong SAR, Macao SAR and Taiwan).

No part of this book may be reproduced or transmitted in any form or by any means, electronic or mechanical, including photocopying, recording or any information storage and retrieval system, without permission, in writing, from the publisher.

All rights reserved.

本书中文简体字版由 TOYO KEIZAI INC.，Tokyo 通过 BARDON CHINESE CREATIVE AGENCY LIMITED，HongKong 授权机械工业出版社在中国大陆地区（不包括香港、澳门特别行政区及台湾地区）独家出版发行。未经出版者书面许可，不得以任何方式抄袭、复制或节录本书中的任何部分。

北京市版权局著作权合同登记　图字：01-2023-5584 号。

图书在版编目（CIP）数据

冲破壁垒：日立的重生 /（日）东原敏昭著；朱波译 . -- 北京：机械工业出版社，2024.8. -- ISBN 978-7-111-76225-6

I. F431.366

中国国家版本馆 CIP 数据核字第 2024NE9446 号

机械工业出版社（北京市百万庄大街 22 号　邮政编码 100037）
策划编辑：孟宪勐　　　　责任编辑：孟宪勐
责任校对：韩佳欣　陈　越　责任印制：任维东
三河市骏杰印刷有限公司印刷
2024 年 10 月第 1 版第 1 次印刷
147mm×210mm・8 印张・1 插页・127 千字
标准书号：ISBN 978-7-111-76225-6
定价：59.00 元

电话服务　　　　　　　　网络服务
客服电话：010-88361066　机　工　官　网：www.cmpbook.com
　　　　　010-88379833　机　工　官　博：weibo.com/cmp1952
　　　　　010-68326294　金　书　网：www.golden-book.com
封底无防伪标均为盗版　　机工教育服务网：www.cmpedu.com

前言

与日本旧企业文化诀别

凡是手中拿起了这本书的诸位,一定与日本或日立有着某种联系,或是抱有某种兴趣吧?本书描写了在日本拥有110年以上历史的日立,自2009年陷入濒临破产的危机后如何实现复活的故事,背景与日本企业文化密切相关。就此,我希望以我的视角来阐述,曾经在20世纪80年代被誉为"Japan as Number one"的日本经济,是如何陷入被称为"失去的30年"的不景气的状况的。理解了日本企业普遍存在的问题,书中所谈及的日立改革的意义与意图才会更加明朗化。

非常感谢哈佛商学院的兰杰·古拉蒂(Ranjay Gulati)

教授能为本书撰写导读。古拉蒂教授不仅对日本的企业文化和日立非常了解，与我本人也相交甚好。希望这篇前言与教授的导读能让读者对书中的内容有更深的理解。

日本在20世纪90年代初期经历了高速成长期的结束，也就是"泡沫经济破裂"。之后各行各业的企业都曾致力于改革，但真正成功的企业极少，日本整个社会陷入了长期萧条，也就是所谓的"失去的30年"。那么，为什么日本的企业没能尽早开展大刀阔斧的改革，尽快恢复经济呢？我认为虽然也是因为存在某种犹豫，犹豫改革也许会变成一种否定，否定高速成长期的成功体验，但最关键的原因恐怕还是当时在日本企业中蔓延着的"大企业病"。

这里所说的大企业病，指的是大企业中常见的保守、低效的企业体制和企业风气。具体来说，就是被各种规则和习惯所束缚，不能随机应变，认为只有沿袭先例才正确，激不起员工想要尝试新的做法的积极性，以及高层的决策速度太慢等的状态。

这种企业风气虽然是大企业容易患上的毛病，但在中小企业或风险投资企业中，在日本以外的其他国家同样有可能发生。随着组织的不断壮大，各部门开始编制内部的手册或规则，通过让员工遵循这些程序，确保组织在一定程度上提高效率、确保品质。如果遵循该程序时发现了什么问题，可以通过修改程序做出改善，程序也是组织的宝贵财产。

然而，如果长期重复相同的步骤，很容易在遇到与该步骤不同的情况时开始犹豫。即使社会或经济条件等外部环境发生了变化，也很少会追溯当初决定步骤时的前提条件有何不同，从而去修改工作现场的步骤。正因为如此，组织的体制也在不知不觉中开始改变，变得被已经习惯了的过往规则所束缚，变得害怕失败，变得无法随机应变地做出判断和决策。

到了这个阶段，企业再想改变过去二三十年积累起来的程序就变得更加困难，会被不断向前的社会浪潮所抛弃。一旦感染了大企业病，企业就会失去创业初期所拥有的敢于挑战风险的精神。我想诸位一定能联想到一些类似的例子，比如完全不符合时代的法律条款、不能坦率接受别人建议的人，无论是个人层面还是国家层面，或多或少肯定存在。

同时，在日本的改革总是缓慢的背景中，日本人特有的性格与日本特有的工作习惯也是个较大的因素。日本人为了避免与周围的人发生冲突，通常会刻意隐瞒自己的意见，表面上去迎合别人的意见，这种特殊的文化被叫作"本音与建前"，本音就是指真心话，而建前指的就是人前说的另一套客套话。还有一句谚语叫作"冒头的桩子先被打"，类似于

"枪打出头鸟"，在这样的环境中，日本人早已习惯向周围看齐，不会做出过于显眼的举动。

还有就是经历了过往历史中的斗争，劳动者的权益获得了最大的保护，但凡入职时是被正式雇佣的，原则上就适用于终身雇佣制。还有年功序列工资制，尽管与以往相比已经有了很大的改变，但毕竟持续了很久，这个制度比起能力更重视工龄。不管业绩如何都能确保员工的工作岗位，只要工作中没有发生过太大的问题，并且长期在该公司工作，薪金就会自动提升。在这种情况下，敢于主动做出改革的人并不多，即使曾经提出过，但最终迫于周围讨厌变化的压力而放弃的情况，在日本的众多企业中也时有发生。

自然，终身雇佣制也有好的一面。因为基本不存在解雇，员工可以安心于工作，跳槽的人很少，员工在公司内部可以经历各种岗位，对公司的归属意识也比较强，有利于公司培养长期性人才。然而，如果公司内只有同质的人才，则难以应对时代的变化，难以适应全球化及多样化的社会，还会导致员工的积极性下降，认为"反正说了什么意见也无法改变公司"，成为生产率下降的主要原因。

包括现在的日立在内，许多日本的企业都着手改善这种旧习气。有意思的是，新冠疫情改变了工作方式，千禧一代①和 Z 世代②的出现也加速了这种变化。

然而,由于日本人的特质根深蒂固,染上了大企业病的日本企业要进行改革是非常困难的。如果经营高层没有坚强的意志,没有可以共享高层意志的经营团队及员工改革团队,众人不能团结一致、齐心合力,改革是很难实现的。

本书记录了日立是如何与这种典型的日本大企业病做斗争的,以及为了转型成全球企业做出了哪些改革。期待本书能为希望自己的企业或商务做出转型的读者提供一些启发。

免责声明:本书是 2023 年 4 月在日本出版的手稿的中文译本。因此,内容以原始出版日期为准。

---

① 指出生于 20 世纪且 20 世纪时未成年,在跨入 21 世纪(即 2000 年)以后达到成年年龄的一代人。——译者注

② 通常是指 1995 年至 2009 年出生的一代人,他们受数字信息技术、即时通信设备、智能手机产品等影响比较大。——译者注

导读

老友东原委托我为他的精彩著作写导读，我深感荣幸。先简单自我介绍一下，本人现任哈佛商学院教授，在学院里主讲创业者精神、组织业绩、企业战略等课程，也持续对包括日立在内的众多日本企业做研究。在教授和研究的几十年中，我与成百上千的商业领袖有过直接对谈，还于2022年采访了200多名商业领袖，将相关内容汇总为拙作《深层目标》。东原也是我采访的"深层目标领袖"之一，他的经营也体现了目标管理。

大企业的改革难度可谓具有普遍性，在日本企业特有环境中完成改革的难度却少有人知。我之所以执笔撰写这篇导读，正是因为我不仅了解日本的企业文化，更通过在日立制作所面向员工的演讲，对日立这家企业有所了解。

截至2023年，日立已经对它的事业结构完成了简化，不再是那种旧式的庞大综合体。市场也对此变化做出了积极的反应，无论在事业规模还是市场价值上，日立都已经成长为日本屈指可数的大企业。这本书追溯到日立制作所的创业初期，并详细描绘了它陷入经营危机的全部过程。书中也非常细致地剖析了日立是如何迷失了自己的"目标"，又是如何因此陷入经营危机的。日本进入经济高速成长期后，日本的企业通过大量生产与大量出口的商业模式实现了快速成长，日立也不例外。日立提出了"通过优秀的自主技术及产品开发贡献社会"的创业理念，向着事业多元化前进。这一模式取得了成功，却也让日立变成了复杂且庞大的综合体。

　　目标经营中一个关键要点，就是要同时实现利润与目标。缺少其中任何一个，企业都不可持续。日立持续了几十年多元化，结果失焦于原本的使命。在此过程中，日立在日趋成熟的市场上也失去了竞争力，遭受了全球金融危机带来的沉重打击。

　　我在自著《深层目标》一书中提到，具有深层目标的组织，应该从认识当前市场情况着手，将目标明确为指引企业的"北极星"，并应学会权衡、接受折中。日立正是在经历了金融危机以后，不断地明确企业目标，同时也在增强战略竞争力方面不断努力。

东原先生在这本书中说，他提出的"北极星"就是成为"能赚钱的公司"和"开展社会创新事业的全球公司"。也就是说，没有全球竞争力的事业、无法赢利的事业、不能通过实现社会基础设施的数字化转型（DX）为社会做出贡献的事业等这些不符合社会创新愿景的事业，要一律砍掉。与众多只能在口头上做到的领导人相比，东原完成了真正去实践的艰难工作。他通过重组经营，领先于其他的全球领导人，率先提出了为"社会价值""环境价值""经济价值"做出贡献的日立应锚定的方向，并为此收购必要的事业、完善治理体制，确实完成了日立的深层目标。基于此，日立也回归了创业理念的初心。

在美国，因为业绩不好被解雇的员工屡见不鲜。但在日本，只要员工没有重大差错，通常不会被解雇，薪金方面也不会有大的变化。与全球性企业相比，日立是一家总部位于人才流动性较低的日本的集团公司，但它在短短的十年里就实现了如此的深层目标，非常值得关注。我认为这在很大程度上应该取决于日立经营高层的承诺，以及宏大叙事与行动的一致性。只有愿景与结果达成一致，员工才能切身体会到"目标"的重要性。

正如东原先生在这本书中所提到的，目标经营的概念实际上与日本企业的经营观念是相近的。自古以来，日本的商人哲学就有"买方好、卖方好、社会好"的三赢思想。在日本这个略显特殊的环境中,即使企业遭遇了濒临破产的危机,只要实行目标经营也能复活,这样的实践令人备受鼓舞。正是因为身处前景不明朗的时代,我更加希望有越来越多的企业能够实践深层目标,发挥企业的社会价值、环境价值与经济价值。

兰杰·古拉蒂

哈佛商学院教授

目录

前言　与日本旧企业文化诀别

导读

序章　日立的壁垒 ❶

日立曾是一家创业型公司　/ 2

虽然越过了巨额赤字这道壁垒……　/ 4

壁垒尚在　/ 6

第 1 章　仰望北极星 ❾

"为什么是我？"　/ 10

成为"日立制作所社长"的潜规则　/ 12

总部社长与下属集团公司社长完全不是一回事　/ 15

知命与立命　/ 18

I'm possible　/ 20

向着"One Hitachi"的目标迈进　/ 22

制造业史上最高赤字 / 25
故步自封的公司 / 27
V 字复苏 / 29
三颗北极星 / 31

第 2 章 成为能赚钱的公司 ㉟

目标：营业利润率 8% / 36
相互依赖的意识 / 38
关于"其实吧"的故事 / 40
不断重复的"第 3 季度冲击" / 42
谷仓效应的弊病 / 44
君临而不治 / 46
将谷仓"可视化" / 48
重新审视内部公司制 / 50
"秘密"的内部革命 / 52
"信息通信系统公司"解体 / 55
打破纵向壁垒 / 56
电力系统开发中发生问题 / 58
仅靠单个 BU 无法应对 / 61
是 8% 还是退出 / 63
"禁止"土木工程 / 64
死水必腐 / 66
"先忧后乐"规避纠纷 / 68
活用现场力的经营 / 70
不惜升级 / 72

人尽其才是最难的 / 75

第 3 章 Lumada启动

什么是 Lumada / 80
集团化折价 / 84
最初的不被理解 / 86
日立展厅 / 89
Lumada 诞生 / 91
完全改变热那亚的出行 / 93
将企业机密导入 Lumada / 95
Lumada 逐步拓展开来 / 97
双赢的商务模式 / 100

第 4 章 日立的DNA

明治时代的创业型企业 / 104
IT·OT·产品的基础 / 106
成为世界的日立 / 108
百日计划 / 110
与三菱重工的火力发电系统事业合并 / 114
让"财务的日立"重出江湖 / 115
中西先生的高瞻远瞩 / 117
2021 中期经营计划：通过客户协创创造社会
　　价值 / 119
利他之心 / 121
拥有共感力 / 123

开放性平台 / 125
领域制的导入 / 127
新冠疫情下达成 7.2% / 129

第 5 章 大瓮工厂和我 131

三选一：进入日立 / 132
仅有一次的人生 / 134
导师中西先生 / 136
消防员 / 138
初到岗时的大事件 / 140
报纸配送不出去了 / 143
中央线停运 / 144
从重大失败中学习 / 148
B 就可以了 / 149
一切都是在大瓮工厂学到的 / 152
阅读的习惯与占卜算命 / 154
内田先生 / 157
赤字子公司的经营重建 / 159
子公司应抱有的自豪感 / 163

第 6 章 损失成本的清算 166

地平线项目 / 167
失败的本质 / 170
南非项目 / 172
如果再晚一年…… / 174

第 7 章 力争全球榜首 —— 日立集团的重组 (177)

- 向资产轻量化转型 / 178
- 留下还是脱离,被收回还是被出售 / 181
- 不做暗算之事 / 184
- 连珠炮式的企业收购 / 186
- 一举三得:收购 ABB 电网事业 / 188
- 与 ABB 的 CEO 促膝长谈 / 190
- 主动召唤黑船 / 193
- 2.8 万人的工程师队伍 / 195

第 8 章 我的经营理念 —— 自律分散型全球经营 (199)

- 全球各网点自主运行 / 200
- 原点就在 ATOS / 202
- 经营的引擎 / 204
- 经营基础的通用化与成本的削减 / 206
- 力争实现预测型经营 / 208
- 日立集团核心价值观 / 210
- 前路迢迢 / 212

第 9 章 为了日立的未来 (214)

- 公司治理的改革 / 215
- 没有揣度,没有事前疏通 / 216
- 取缔役的支持 / 218
- 全球人才管理 / 220
- 打破"大树底下好乘凉" / 222
- 投资初创企业 / 225

"被动领命"可不行　/ 227
仅以表彰结束太过可惜　/ 229
不做温水里的青蛙　/ 231
为实现进一步发展　/ 233

结语　/ 235

作者介绍　/ 238

序章

日立的壁壘

日立曾是一家创业型公司

2014年4月,我就任日立制作所执行役社长。从2016年4月开始,担任执行役社长兼首席执行官(CEO),到2022年3月为止的6年时间里,负责掌管全球数百家财务合并结算子公司,成为拥有超过30万名员工的大型企业集团的掌舵人。

日立制作所是1910年创业的百年企业。也许有人以为它只是一家日本的家电制造商,其实并非如此。

正如它原名中的"制作所",日立本是于明治时代起步的创业型公司,有着坚定的抱负,不依赖进口,自主制造设备。后来,为了满足电力与轨道发展,以及提高生活便利性等时代和社会的需求,日立成为不断扩展各领域事业的全球化企业集团,也被称为"企业综合体"。

截至2023年,日立的事业领域主要包括三大部分:与信息和通信相关的数字部门(数字系统＆服务),为电力、能源或铁路等的脱碳化做出贡献的绿色部门（绿色能源 & 移动），以及面向制造业开发系统及设备、电梯、家电等的产业部门（产业互联）。整个集团的年销售额达到 10 兆日元㊀，销售额及员工的一半以上都来自日本以外地区。近年来日立所推进的社会创新事业，主要就是通过上述这些事业对社会基础设施进行数字化转型（DX）。

　　日立在创业初期提出了"通过优秀的自主技术及产品开发贡献社会"的企业理念，克服了关东大地震和第二次世界大战的危机，无论战前还是战后，都为日本的工业发展做出了贡献。特别是在经济高速成长期，针对开发新干线用车辆、银行交易及汽车生产管理等需要使用的大型计算机、高效发电技术等进行了研发，在各领域都为社会做出了贡献。

　　然而在进入 21 世纪后不久的 2008 财年决算时，日立陷入了 7873 亿日元当期亏损的经营危机，可说是坠入谷

㊀ 株式会社日立制作所从 2015 年 3 月底的有价证券报告书中的合并财务报表开始，采用了国际财务报告准则（IFRS）。本书记录的业绩，2014 年及之前采用的是美国的一般公认会计原则（GAAP），2015 年及以后是基于 IFRS 的数字，本书中关于销售额、营业利润、当期纯利润、当期纯损失的记载，在 GAAP 中分别对应销售额、营业利润、当期纯利润、当期纯损失，在 IFRS 中分别指销售收入、调整后的营业利润、当期利润、当期损失。

底。导火索看似是以雷曼事件为开端的全球性金融危机，但实际上隐藏着更深层次的问题。

"如果再出现一次大赤字，就真的要破产了。"

当时正被派驻德国集团公司的我得到消息时确实这样担忧过。

虽然越过了巨额赤字这道壁垒……

幸运的是，在前所未有的危机中，负责企业经营的原会长川村隆与已故的前会长中西宏明，于2009年开启了大刀阔斧的经营改革，使日立从危机中重新站立起来，越过了这道巨大的壁垒。3年后的2012年3月底，终于达成了历史最高当期利润，实现了V字复苏，两人的魄力赢得了众人的喝彩。

之后在二位的指名下，我接过了经营的接力棒，在V字复苏后执掌日立。我的任务有两个：一是继续沿着川村先生铺垫的经营改革路线，打造一个具有高营业利润率的"盈利型公司"；二是加快推进中西先生一直致力的转型——从销售物品（产品）的商业模式转向销售事件（服务）的社会创新事业，并在该领域成长为能登上世界舞台的"全球性企业"。

我刚就任社长时,日立已经通过经营改革从一时的经营危机中站起来了。但改革还在路上,经营尚未稳固。虽然年销售额维持在9兆～10兆日元的规模,但营业利润率只有6%左右,而且利润大多靠集团的上市子公司在支撑。公司内部还有很多业绩难以恢复的、前景渺茫的、不划算的以及利润过低的业务。

在这种情况下,毫无疑问一旦发生雷曼事件这类无法预测的事件,业绩就会下滑,公司会再次陷入经营危机。我被赋予的使命就是:以V字复苏为基石,将公司做大做强,要让公司即使遇到天灾或战争这类危机,也无法被撼动。

我认为,日立会陷入经营危机的原因在于"大企业病"。大企业的体质体现在很多方面,要是详细描述可能会说上很久,比如保守,不喜欢改革,拖延症,不求有功但求无过,无过之人更容易上位的官僚体制,自己负责的事业部门即使出现赤字也会有其他部门来支援的依赖心理等。向这样的企业风气中吹入新风,改变了日立的正是川村先生和中西先生。

我继承了两人的抱负,治理大企业病,以日立的所有部门都成为"能在全球舞台竞争的集团"为最大目标，组成了强大的经营团队，通过各种措施让经营改革得以持续。我的任务集中在：布局人才管理层，做到人尽其才，构建让员工充分发挥力量的公司结构，并与员工共同开创道路。我想，这一系列措施就相当于：在日立这个大型企业中打碎无数竖立着的"壁垒"。

壁垒尚在

关于6年的经营改革内容，之后的章节中会有详述。在我上任CEO的第3年，年度决算达成了当初定下的目标，营业利润率达到了8%，日立也具备了跻身世界舞台的实力。之后的3年，虽然遭遇了新冠疫情，日立依然完成了超过1兆日元的大型收购，进一步增强了企业实力。通过继承和发展川村·中西改革，我可以自豪地说，日立已经成长为不会再次陷入经营危机的企业。这一努力的结晶，既来自副社长领导的经营团队，他们切实理解了经营方针并在各自岗位贡献了力量，更来自共同奋斗的日立集团全体员工。

我先后于2021年6月和2022年4月将执行役社长以

及CEO的职位交给了后任的小岛启二，2023年我作为会长，尽己所能继续与小岛一起奋战在岗位上。我认为，日立要作为全球领先企业实现进一步飞跃，还需跨越更多"壁垒"，继续成长。

我本人并不是所谓的精英一族，也没有在年轻时就被寄予厚望。打工人出身的我，一直将客户口中的"谢谢"以及能对社会有所贡献的成就感，视为至高的喜悦，从中总结经验，凭借思考与行动，一步步完成了各个阶段所负责的工作，最终，担起了日立社长这个重任。要说就任社长这件事，最吃惊的不是别人，而是我自己。

作为从工薪族升上来的社长，我在担任CEO的6年中，与经营团队一起用了一些方法来改革日立，使之摆脱大企业病，使之成长。我想详细记录下这些内容，让大家看到日立今天的样子，而且希望让大家也感受到绞尽脑汁得出新创意的喜悦。这就是我撰写本书的原因。

我进入日立是在1977年，彼时日本是世界第二大经济体。当时，日本工薪族被称为"企业战士"，为了让生活变得更好，永远把工作放在第一位是大家的共识。我也一样，一路只顾拼搏。

但时代不同了，当年已经一去不复返。在社会需求从物品变为服务的时代，企业的事业发生了变化，人们的职业观和工作方式也在变化。年轻一代的各位更是如此。然而，总有一些事情是不变的，比如工作，比如绞尽脑汁得出新创意的喜悦，比如获得客户感谢时的喜悦。

拼搏在商业最前线的各位，或是今后想要进入商业社会的各位，如果本书能够给大家带来一些启示，我将不胜荣幸。

第 1 章

仰望北极星

"为什么是我?"

2013年12月13日,正值日立集团赞助的职业高尔夫大会"日立 3 Tours 锦标赛"预热活动举办之际,我突然被叫到了社长室。

日立制作所的总部位于日本东京站丸之内北口的一幢大楼高层。社长室在27楼,如果天气晴朗,可以远眺新宿一带的高楼群。社长室的面积大约为30榻[⊖],靠窗的是1张办公桌,正中央的茶色大会议桌旁围绕着8把皮革办公椅。

虽然用了"突然"这个词,但其实被叫到社长室这种事也很常见。当时我是日立制作所的执行役专务,也是社内公司之一基础设施系统公司的社长,被中西社长叫到社长室真的是家常便饭。当时,社长之下还有6名副社长,

---

⊖ 1榻是指1张榻榻米的尺寸,也叫1帖,等于1.62平方米。——译者注

要是按照职位排序,我也就排在第 10 位前后吧。

"您找我?"我一如既往轻松地走进社长室,中西先生指着大会议桌旁的椅子说:"来,坐下吧。"

中西先生是典型的豪放磊落性格,平时总把老东京的口头禅挂在嘴边,给人的感觉就是特别爽快。

"你接我的班,当下一任社长如何?"

我记得当时他的语气就像在邀请我一起去银座逛逛。

"谁能接您的班啊,中西先生可是领袖人物。"我笑着对中西先生的话左耳朵进右耳朵出。不仅如此,我还说:"非要说谁能接中西先生的班,恐怕能胜任的只有……"

我甚至举出了一位副社长的名字。

我说自己面对中西先生的提问"左耳朵进右耳朵出",可能会有人觉得奇怪,但我当时确实认为,中西先生的试探只是为了确认一下我的欲望和野心,真没想到他是在指任我做下一任社长。

为什么我那时没把中西先生的话当回事,现在回想起来自己也不太清楚。其实在他这次找我的大约两年前,我曾经听当时的川村会长说过,有人推举我做下一任社长的候选人,说我是"五名候选人之一"。

那时,我在日立制作所旗下的日立工业设备技术公司担任社长。听说自己是总部社长候选人之一,心里就很疑惑"为什么是我啊",还觉得"谁想当社长谁当呗"。说到底,我自己压根儿没想过要当社长。

我这么说,可能听起来有点像在假装无欲无求的圣人君子,让人难以置信。我觉得自己既不是无欲无求,也不是什么圣人君子。

成为"日立制作所社长"的潜规则

那么,为什么我压根儿就没想过要当社长呢?借着本次著书的机会,我也想剖析下自己的真实想法,就认真思考了一下。我这个人一向只爱向前看,剖析自己过去的想法,可以说还是第一次。

后面我还会再详细叙述我在整个日立集团中的工作经历。我的专业是工程学,进入日立制作所后将近 20 年的时间都在品质保证部(检查部)这个部门工作。在那里我的主要工作就是,在将工厂开发的系统交付给客户前,确保产品能够按照预定设计的方式正常运转,符合发货要求等。

虽然我的工作大部分都是在一线解决问题,但我最高兴的就是,在绞尽脑汁解决了问题之后,能听到客户说一声"谢谢"。我们向铁路企业或电力企业等交付的系统，支撑着整个社会的运转，我对此有切身的感受，因而对自己负责的工作感到非常自豪。

在品质保证部的时候，我负责过很多领域的系统，总有学不完的新鲜事物，也能真实感受到自己的成长，这让我非常开心。每天，我都忙于处理眼前的工作，并乐在其中。

人们对大企业可能有这样一种印象，围绕人事晋升和出人头地，公司内部的斗争错综复杂。而我对这些一点都不感兴趣。我一直觉得，一心拼命工作，或许能进董事会。可能正因如此，当谈到下一任社长这个话题时，我完全无法联想到自己身上。

虽然我个人非常热爱日立，不想吐槽它，但日立毕竟是一家历史太过悠久的庞大企业，无论是公司氛围还是公司体制方面，存在各种各样的旧观念，这也是不可否认的事实。着手改变这种情况的是川村先生和中西先生，我担任 CEO 的这 6 年，从更大意义上来说，就是继承两人的志向，对这个有"大企业病"的体制做出了改革。

从这一点去联想，决定高管人事的方式可能也是大企业病之一。我是 1977 年进入公司的，当时就流传着"要么是东京大学工学部毕业的，要么是在日立工厂待过，否则根本无法在日立出人头地"的潜规则。

日立创立于 1910 年，我是第 11 代社长。从创业者小平浪平开始，到我的上一任中西先生为止，前 10 代社长中有 8 人毕业于东京大学工学部，此外，这 10 人中有 7 人都曾在日立工厂就职过。

这听起来可能有点难懂。日立制作所的创业地位于日本茨城县日立市，日立制作所在日立市不止有一家工厂，其中一家的名字就叫作日立工厂，该工厂常年负责发电系统的开发与制造，是引领整个日立集团发展的主干业务。进入这家工厂，担任技术员，进而升任厂长，这曾是典型的日立晋升路线。

说到我自己，本人毕业于日本德岛大学工学部，没有在日立工厂就职的经历，曾在同样位于日立市的一家主要开发轨道和工厂等设备控制系统的工厂——大瓮工厂㊀工作过。我无法想象自己会成为社长，大概是因为在对"社长"这一岗位的认知上，我也不知不觉染上了大企业病吧。

回想起来，川村先生告诉我，我是五名社长候选人之一的时候，他还说过：

㊀ 大瓮工厂的日文为大みか工場。——译者注

"不要因为你不是东京大学毕业的就拒绝哦。"

这话的深意原来在此。那时我确实没能理解它真正的含义，现在想来，或许川村先生也痛切感觉到了摆脱大企业病的必要性。

"我很惊讶，简直就是晴天霹雳。"

工薪族社长被问到出任总部社长的感想时，大概就是这种感受吧。回想当初，被中西先生询问能否接班时，自己非但没有吃惊，还压根儿就没当真，这种反应连我自己也感到惊讶。

总部社长与下属集团公司社长完全不是一回事

就在我完全没把中西先生的试探当回事，轻轻松松拒绝了他的第二天，"日立3 Tours 锦标赛"的职业业余配对赛活动结束后，我又被川村会长直接叫到了高尔夫球场俱乐部包间。这么说可能会有点奇怪，但我确实是直到那时才第一次意识到，让我接任社长的谈话原来是"认真的"。连川村先生都出面了，这件事肯定是真的了。

"东原，你来当社长吧。"

川村先生讲完这句话，又花了一个多小时，跟我谈了许多。

"社长作为'Last Man'[1]，是可以让人最快成长的岗位。"

"少小而学，及壮有为；壮年而学，及老不衰；老年而学，及死不朽。"

等等诸如此类的话。顺便说一下，"Last Man"出自川村先生的著作 *The Last Man*[2] 的书名，代表着川村先生关于社长的理论，"少小而学……"这段话则是幕末时代儒学家佐藤一斋的名言。

"东原，人一生都要学习。与其在思维方式跟自己完全不同的老板手下工作，不如自己成为 Last Man 吧。可以按照你的想法推动日立哦。"

他还跟我说了这样的话。大概川村先生也看穿了我有着不服输的性格吧。

最后谈话结束时我说："……请您让我考虑一段时间。"

在那一刻，我还完全没有做好心理准备。

首先，那时我还没有掌握日立的整体情况。虽然我精通轨道及电力等基础设施相关业务，在这方面我有十足的信心，但对于其他业务以及上市子公司的情况我基本上不

---

[1] "Last Man"意为最终责任人。——译者注
[2] 本书由角川书店（KADOKAWA）出版。——译者注

清楚。

之前很多当社长的人,大多会在就任社长前先干几年的副社长,一边加深对自己专业以外部门业务的理解,一边掌握日立整体的实际情况和经营手法。我知道许多其他公司也是同样的做法,当员工晋升为经营干部以后,会一点点培养他们去具备成为未来最高决策人的自觉性。从这一点来看,别说副社长了,就连专务一职我就任也还不满一年。

日立拥有30多万名员工,日立社长可是个重任。如果高层的判断出了错,员工连同他们的家人,会有将近100万人受到牵连。再加上关联企业和客户,这个数字可能还会更大。我当社长真的没问题吗?我当时心中确有不安。

虽然我做过日立旗下集团公司的社长,也在日立制作所的社内公司当过社长,但那时候心里没有过类似的矛盾。集团公司和社内公司的最高决策人都不需要担心资金周转问题。发生任何紧急情况时,总部都会帮忙。也就是说,不用担心公司会破产。因此,当我被指名成为集团公司社长以及社内公司社长的时候,我挺有自信的,从没担心过自己不能胜任。

然而,集团公司的社长和总部的社长完全不是一回事。我当然不可能简单地就回答说"可以"。

知命与立命

虽然我对川村先生说要"考虑一段时间",但其实没那么多时间考虑。高层的人事对企业来说是头等大事,不可能让他们等得太久,何况谈话的第二天我就要去印度出差了。

回家后,我一边准备行李,一边满脑子都在想"应该怎么办"。川村先生的话一直都在我脑子里回响。

"终生学习,自我成长……"

这不也是我进入公司后一直在实践的吗?

"社长是可以让人最快成长的岗位……"

这句话感觉刚好戳中了我……

左思右想之际,突然就想到了日本哲学家兼思想家安冈正笃撰写的《知命与立命》。

44岁时,我在大瓮工厂交通系统设计部担任部长,那时我每天上班前要花两个小时来看书,翻到什么就读一读,因此涉猎颇广。就是在那段时间,我遇到了《知命与立命》这本书,并将其视为自己的座右铭。

能够悟到上天赋予自己的能力是"知命",充分发挥这个能力是"立命"。努力践行知命与立命,就能将被动的"宿命"变成靠自己的力量可以改变的"命运"。我是这么理解的。

我为什么会被指名？我擅长的是什么？答案其实很明确，那就是我在比较广泛的领域中拥有一线经验。

自进入公司以来，我一直在做能与客户直接打交道的工作。日立有与电力和能源相关的、与轨道相关的、与信息通信相关的、与产业机器相关的各类产业部门。员工在日立担任管理职位之前，基本上不会有部门之间的调动，所以通常员工刚进公司时被分配到哪个部门，就会被培养成哪个部门的专家。

但我不太一样，培养我的品质保证部有点特殊。大瓮工厂主要研发和生产运用到计算机与程序中的控制系统，作为品质保证部我们需要将之交付到对应部门，并且要在第一线确保产品或系统能够正常运转，如果发现问题就要当场解决。这就是品质保证部的工作。因此，我自然而然地去过日立各领域的业务一线，并逐渐精通了这些领域的业务。

被指名当社长，莫非我的使命就在于要把业务一线的声音直接反映到经营中？

想到这里，我提着的心突然就放下了。如果对业务一线的熟知算是我的知命，那么被指名接任社长，大概就是我的立命了。我终于下定了决心。

I'm possible

第二天，在成田机场的休息室里，我给川村先生发出了邮件。

"我同意担任社长。以我现在的力量，担任社长也许是 Impossible[①]，但我会努力学习，在 Impossible 的'I'之后加上一撇，变成'I'm possible'[②]。"

随后，在 2014 年 1 月 8 日新年长假结束后，我出席了社长换届媒体发布会。关于社长换届的人事决策，直到 2013 年底，知道这件事的就只有川村先生、中西先生和我，再加上直管广宣工作的一位董事和广宣部的两位同事，总共 6 人。

媒体都瞄准了元旦的头版头条上刊登的企业社长换届的消息。广宣部特别叮嘱我：

"如果新年长假期间有记者给您打电话说'恭喜'，请

[①] Impossible 意为不可能的。——译者注
[②] I'm possible 意为我可以。——译者注

不要回答'谢谢',要说'新年快乐'。"

另外还叮嘱我参加媒体发布会时,"川村先生佩戴红色领带,中西先生佩戴蓝色领带,而您要佩戴黄色领带"。现在听起来虽然已成笑谈,但在就任前的一个月里,按照广宣部考虑到的所有可能,我确实是被要求彻底做好各种信息管理。

在社长换届媒体发布会上,我刚进入会场,就被猛烈的快门声淹没了。

"川村先生、中西先生、东原先生,请三位一起紧紧握手!"

除此之外,还要从正面、右侧、左侧等所有角度面对镜头拍照。

这场面可够大的……

虽然并非本意,但我也切实地感觉到了外界对此颇高的关注度。

在媒体发布会上,川村先生、中西先生和我依次发言,但前面两位的发言内容,我事先并不知道。

我耳边现在依然回响着他们在发言时所说的话,川村先生说"是时候给年轻人让位了",中西先生则说"要把日立变得双倍三倍强大"。

而我则谈了谈我的抱负,即加强服务事业和全球事业等增长基础,并推进自律分散型全球经营,我说道:

"为了实现这个目标,需要每个人都具有'One Hitachi'的意识,希望这个意识能渗透到全公司。"

我在媒体发布会上所做的发言,可说是涵盖了我担任日立社长八年间的全部精华,尽管内容有些长,还是想在这里谈一下主要内容。

2014年1月媒体发布会,左起依次为
川村会长、本书作者、中西社长(时任)

向着"One Hitachi"的目标迈进

2013年12月中旬,川村会长、中西社长提出要我接任执行役社长兼COO(首席运营官)。彼时正值日立2015

中期经营计划的第一年，这一指名对当时的我而言犹如晴天霹雳。但如果我的出任能够对日立今后的成长起到积极作用，尽管责任无比艰巨，我还是决定接受这一任命。

我是1977年进入日立制作所的，在大瓮工厂从事列车运行管理系统及电力系统的控制系统开发。1989年到1990年，我在美国波士顿大学学习计算机科学。随后，在日立信息通信集团、电力集团负责项目管理工作，也担任过位于德国的日立电力欧洲和日立工业设备技术公司的社长等职务，在比较广泛的领域和地区积累了商务经验。近年还在越南、泰国、印度、卡塔尔、沙特阿拉伯、巴西等事业发展显著的地区，参与设立现地法人以及M&A[⊖]相关工作。

我本人属于一定要亲自到日本以外的第一线去感受商务氛围的那类人，一边亲身感受新兴国家的巨大能量以及欧洲市场的坚实，一边与伙伴们共同搭建业务框架，这对我而言其乐无穷。

现在，日立已经完成了V字复苏，在全球开展社会创新事业。为了巩固这一增长，我认为现在最重要的是"强化发展的基础"。例如，强化服务事业基础和全球事业

⊖ M&A：企业的合并与收购。——译者注

基础。

服务事业的基础，一方面在于针对涉及客户经营课题的解决方案体制进行整备，如节能或改善生产效率等，另一方面在于在产品全生命周期维保服务中引进云端和大数据分析技术，提升服务体制品级。

在强化全球事业基础方面，主要是现地执行，即在距离客户较近的地区推进项目开展，在各地确立能够快速对应业务的体制。

我们并不是要一边向全世界的伙伴们共享日立集团的愿景，一边又从日本的角度出发看世界，而是要推进自律分散型全球经营，也就是说要让各地、各事业的管理中心在基于全球视角进行判断的前提下，采取自主且迅速的行动。

想要实现这种经营状态，关键是要每位员工都能从客户的角度出发，抱有全球视角并以"One Hitachi"为基础来思考问题。

大仲马的小说《三个火枪手》中有一句名言"one for all, all for one"⊖，每个人做事都要想到所有人，所有人则会拧成一股绳为着胜利而战！我希望这种精神能够渗透到

⊖ "One for all, all for one"意为我为人人，人人为我。——译者注

公司全员,并以此来实现"One Hitachi"。

为实现公司的全球化成长,作为社长一定会面临许多挑战,我会充分发挥自己作为"一线老手"的优势,不畏惧失败,以"one for all,all for one"的精神,以日立集团COO的身份,在全球开展社会创新事业。

尽管责任重大,但我对4月(接任)以后的日子充满期待。

制造业史上最高赤字

说了这么多,有些人可能会以为社长接班人是川村先生和中西先生两个人决定的,当然不是。在他们询问我的同时,董事会上也讨论了执行役(董事)的人事调整方案,最终决定川村先生辞去相谈役(顾问董事)一职,由中西先生就任执行役会长兼CEO,我则就任执行役社长兼COO。CEO和COO,在日立都是首次设置的职务。

我在序章中也提到过,在我上任执行役社长兼COO的2014年,日立刚刚走出经营危机,正处于重建经营的途中。我想我之所以被指名,也是因为正处于那样的非常时期。这么一说,川村先生和中西先生当年的上任也都是有异于惯例且处在非常时期。

如前所述，在日立，通常是副社长晋升为社长。当副社长中的一人就任社长后，同一时期的其他副社长，有的会退而出任集团公司或关联公司的社长等，就此结束在日立总部的最高人事竞争。

1999年，第7代社长庄山悦彦就任的同时，川村先生晋升为副社长，几年后退而担任集团公司的会长并连任。中西先生则在第8任社长古川一夫就任的第2年，辞去了副社长一职，在此前一直兼任的日立在美集团公司担任会长兼CEO，专注于该公司的经营。2008年日立出现经营危机后的第2年，作为挽救近8000亿日元赤字重建经营的王牌，两人被日立总部召回。

当时，这件事在媒体上引起了轩然大波，说"这是打破了以往惯例的极为罕见的高层人事安排"。

追溯到2000年，日立的销售业绩一直在提升，但几乎没有当期利润，也就是说经营上属于不赚也不赔。受到IT（信息通信）泡沫经济崩溃直接冲击的2001财年，当期共计亏损了近5000亿日元。即便如此，我们依然没有做出任何改变，这就是曾经的日立。

随后，到了发生雷曼事件的2008财年，合并报表最终得出了 7873 亿日元巨额亏损——彼时制造业史上的最大赤字。那时，被总部召回的就是川村先生和中西先生。此外，曾担任副社长的八丁地隆先生和三好崇司先生也回归了总部。

故步自封的公司

自日立成立以来亏损空前的这一年，我正担任日立电力欧洲的社长。公司总部位于德国杜伊斯堡，主要业务是设计、制造和安装火力发电设备。我在德国得知了日立集团的巨额赤字，曾真的在脑海中闪过这样的想法：

"或许，日立真的要倒闭了。"

日立电力欧洲在那一年也出现了极高的赤字。我的任务是要让这个持续赤字的公司扭亏为盈。在我正拼命投入这项工作的时候，突如其来地收到了"日立经营危机"的报告。

人但凡能走出去看一看，就能看到自己完全置身其中的组织的优缺点。离开日本从欧洲眺望日立，日立就像是一家不知变革的"故步自封的公司"。

当然，不仅仅是日立，我猜当时日本的众多大企业也是如此。7873亿日元的赤字可能就是常年没有做出改变，故步自封的结果……

比如说"找借口的文化"。即使出现了赤字，只要认真解释出现赤字的理由就可以了。虽然可以把理由解释得十分完美，但是自己不会带头挑起担子去实现黑字。很遗憾，有主动消除赤字的责任感的人少之又少。

大部分人的做法是，制作好一大摞A3纸的资料，

"当初设想的时候本来是这样的，但是由于社会形势的变化，汇率变成了这样，市场也变成了这样，结果就出现了赤字。"

通过这些说法，非常巧妙地推卸责任，并且竟然能通过公司的审查。

这种人的表演也特别到位。如果没能达成预算和目标，出现了赤字，相关负责人会在社长面前笔直地站成一排。

他们一同深深地低下头，齐声忏悔道"对不起"，然后就开始找借口，以便从这个场景中完美抽身。

遗憾的是，每到决算的日子，都会无数次上演这样的情景。

"出现7873亿日元的赤字确有理由，重建日立会非常不容易"，当时我就是这样想的。雷曼事件只是导火索，

发生大赤字的根本原因在于日立这种大企业的病态体质。我不认为日立的体质可以那么轻易地被改变，所以当听说川村先生和中西先生被召回了总部，我不禁想到"可能也别无他法了吧"。

V字复苏

川村先生作为执行役会长兼执行役社长实质掌权1年后，开始专注于会长一职，由中西先生接任执行役社长。两人果断执行的是"事业结构改革"和"企业管理改革"。

所谓事业结构改革，指的是对各个事业进行检验及核查，重点关注有前景的事业，结束没有前景的事业。川村先生把前者叫作"应靠近的事业"，把后者叫作"应远离的事业"。最初采取的果断行动，就是把日立信息系统（现名日立系统）等5家上市子公司收回变为全资子公司。

想要集中力量开展"社会创新事业"，构筑基于信息通信技术的社会数字基础设施，将拥有基础技术OT（Operational Technology，控制·运用技术）和IT技术力量的集团公司收回变为全资子公司，正是为了可以强化统一运营。这不仅可以铲除事业重叠等低效运营，还可以百分之百获取子公司的收益,改善财务体制,一举两得。此外,川村先生还终止了部分不合理的事业,例如连续亏损的日立工厂电视机生产业务等。

在"企业管理改革"中,则引进了内部公司制,让公司内部的竞争原理发挥作用。除此之外,2012财年里超过一半的董事都由日立外部的人担任。而在财务改革方面,实施了公开募集增资,恢复自有资本(股东资本)的比例。关于内部公司制,稍后会详细介绍。

总而言之,川村先生和中西先生两人联手,通过各项改革,仅用了3年时间就重建了公司,让日立焕然一新,在2012年3月底达成了当时史上最高的当期利润。业界都盛赞此为"V字复苏"。

这些大动作的改革措施就好比治病时动了一场外科手术,自然伴随了风险与疼痛。特别是对于日立这样成立已超百年的大企业,更是难上加难。因为必须切断常年在日立这片土壤上深扎下的"根",也就是那些根深蒂固、盘根错节的惯例和陋习。

所谓收回上市子公司变为全资子公司,就是从子公司手中拿回经营的独立性和经营者的权限。这不得不花力气说服一部分股东,因为涉及终止一些业务、裁员,以及可能要向其他公司转让部分业务。公开募集增资就是发行新股，结果会导致股权被稀释和股价下跌。彼时这遭到了现有股东的强烈反对。

我想这一切都只有川村先生才能做到，这是一场率先自行了断后路的无比彻底的改革。

集团公司的经营层大多是从日立"毕业"的人，存在各种连带关系。然而，不管集团公司里有谁，不管哪位"毕业生"说了什么，都完全没有关系。既然下定决心要改革，就贯彻信念，竭力说服。这个胆量非常不一般。

顺便提一句，在我就任社长后，川村先生和中西先生都没有在实际业务上插过话。无论是组织变更还是人事变动，都由我来做主。通常情况下，让位后也忍不住想指点江山乃是人之本性，而这也正是两位前辈的杰出之处。现在，我也成为会长，常常告诫自己必须向两位前辈学习。

三颗北极星

我曾说过，在我就任社长时，川村先生交给我的任务是"让日立成为具有高营业利润率的'能赚钱的公司'"，而中西先生交给我的任务则是"以成为开展社会创新事业的全球公司为目标"。

我接任社长是在 2014 年 4 月，截至 2014 年 3 月底，上一财年销售额为 9 兆 5637 亿日元，当期利润为 2649 亿日元。与 5 年前亏损 7873 亿日元的数字相比，已经相当不错，但营业利润率仅有 5.6%。

与此同时，营业利润的一半都靠上市子公司的利润支撑，日立主体的营业利润率比整个集团的利润率要低很多。欧美的优秀企业的营业利润率一般都在 10% 左右，要想成为能赚钱的公司，就必须提高营业利润率。

即使已经从销售物品转换为销售解决方案的社会创新事业，旗帜已经高高竖起，但具体要做什么，接下来还要仔细琢磨。

此外，日立没有任何一个事业可以占到世界第一的份额，这也是必须要解决的课题。虽然有很多的事业和产品，但从市场份额来看不是位于第二就是位于第三。这样的排名怎么能让员工自豪地到全球市场上去拼搏？

除了上述两位前辈所期待的"成为能赚钱的公司""强化社会创新事业"之外，还需要创造出全球排名第一的事业。这三个目标成为我的"polaris"。"polaris"的意思是北极星，我把它比作照亮日立前进方向的指路星。我想正因为有了这三颗指路星，我才能坚定地站在日立的最前方，带头一路跑下来。即使中途感到有点迷茫，只需抬头一望，"polaris"就能照亮我前进的方向。

正如前面所说，因为我在被指名接任之前从来没想过要当社长，所以自然也没有设想过当上社长以后要做哪些事，要让公司如何发展等诸如此类的愿景和具体想法。当然，也不存在可以教给我这些的人。

虽然我精通于社会基础设施的电力和轨道等事业，但我不了解其他部门的运作，也不知道上市子公司的实际情况，除了在德国任职过以外，对公司在日本以外地区的状况也不太清楚。我既不知道其他部门的客户是谁，也没有和银行打过交道。

还有人，也就是员工。要想掌管人事必须懂人。哪里有"人才㊀"，应该安排谁来担任各部门以及集团公司的高层……

幸运的是，我担任执行役社长兼COO的两年，对我可说是助跑阶段，或者是学习阶段。我和许多人展开了讨论，凭借曾在一线工作的经历，一边把之前就有的课题意

㊀ 原文为"人财"，根据上下文意思，翻译为"人才"，余同。日文的"人才"为"人材"，但似乎作者觉得这样写不妥，他将"人才"视为"财富"，故而用了"人财"。——译者注

识和想法进行反馈，一边逐步构思经营愿景。

如今，回顾我担任 CEO 的 6 年时间，我们搭建起了"业务单元（BU）制"和"自律分散型全球经营"的基础，构建起了推动自律分散型全球经营前行的"Lumada"，这一切都是在我担任 COO 的 2 年时间里构思出来的。

在上述构思逐渐成形后的 2016 年 4 月，我就任执行役社长兼 CEO，终于要担负起日立掌舵人的重任了。

第2章 成为能赚钱的公司

目标：营业利润率 8%

2016 年 4 月，我出任执行役会长兼 CEO。当上 CEO，就意味着拥有了很高的经营管理权限。

出任 CEO 后的第一项工作，就是制定日立 2016 年到 2018 年的经营方向和目标，也就是"2018 中期经营计划"（简称 18 中计）。日立以三年为单位制定经营目标，并以此作为经营的方针。工作组于 2015 年成立，着手相关准备工作，在我出任 CEO 1 个月后的 2016 年 5 月，日立公开发布了该计划。

我们制定了"三年后的 2018 财年，要达成销售额 10 兆日元，营业利润率超过 8%，当期利润超过 4000 亿日元"的目标。2015 财年的实际业绩是销售额 10 兆 343 亿日元，营业利润率 6.3%，当期利润 1721 亿日元。

"10 兆日元的销售额已经实现，需要解决的课题是提升利润率，如果能够处理好复苏前景渺茫的无收益业务以及低收益业务，8%应该是可以达成的数字吧。"

我是这样想的。同时，更明确地提出了要将社会创新事业作为日立集团的核心事业，并持续强化这一方向性。

接下来，要先处理好无收益和低收益的业务。为此，我从公司内部的组织改革着手。具体来说，就是废除了2009年川村先生在担任会长兼社长时期所导入的内部公司制，转为所有业务都由社长直接掌管，社长本人掌控经营的"BU制"（业务单元制）。

这么说可能不太容易明白。在说明BU制之前，我先来介绍一下导入内部公司制所取得的成果。

所谓内部公司制，就是把公司内的各业务部门模拟为一家公司，与集团公司一样，视作一家法人来开展业务的制度，所以也被称为社内公司制。每个部门都设置一名社长，明确社长的责任和权限，通过达成独立核算，贯彻高效运营。

在日本，内部公司制是1994年由索尼首次引进的，是大型汽车制造商、电机制造商、银行等众多行业的诸多企业都纷纷采用的一种制度。

日立在导入内部公司制以后，要么增加内部公司的数量，要么改为集团制，到了我就任社长的时候，除了承担日立整体的品牌战略和营销战略的集团事务部门和研发部门等部门，其他各业务部门成为9个内部"独立"公司：电力系统公司、基础设施系统公司、城市开发系统公司、交通系统公司、信息通信系统公司等。同时，各公司和上市子公司还按照"信息通信系统集团"或"基础设施系统集团"等进行分类，由作为司令塔的集团长进行管理。

相互依赖的意识

内部公司制是一个非常合理的体系。在最初导入时，日立集团合并年销售额达到了9兆日元左右。将制造、销售、服务功能集于一身的每个内部公司，如果年销售额均能达到1兆日元，且能取得10%的营业利润率的话，则9个部门的销售额合计可达到9兆日元，营业利润可达到9000亿日元。

如果再加上上市子公司的利润，就会取得无可挑剔的业绩。这就是川村先生引进内部公司制时希望日立集团达成的目标。如果有内部公司或上市子公司不能达成目标，就要对其高层人事进行调整，当时川村先生和中西先生应该是这样考虑的。

客观看来，这个制度非常清晰。像日立这样的大型企业集团，究竟是做什么的企业，一般人都不太清楚。我猜直到现在肯定也有不少人认为，日立就是一家家电制造商。

如果改为内部公司制，那么日立有信息通信系统公司，也有电力系统公司和交通系统公司，上市子公司中又有建设机械和材料等业务……通过这样的介绍，日立的业务架构在某种程度上就比较容易理解。

川村先生当初就任社长的时候，日立的经营状况已经跌到了谷底。究其原因，正如我在前文中指出的，应该可以归因于大企业病的体质。

因为企业太过庞大，所以仅一个部门就拥有众多业务。有的业务能产生巨大利润，而有的业务则没有收益或是收益较低。考虑到经营的健全性，按说应该废除或者退出没有收益或是收益较低的业务，但由于历史、传统甚至面子的束缚，改革被不断推迟。在此状态下，公司内有人觉得："即使自己负责的业务出现了赤字，那些盈利的业务也能填上这部分亏空，所以不用担心。"这种互相依赖的思想不知什么时候开始蔓延。这就是大企业病。

导入内部公司制，就像是针对这种大企业病所动的一场手术，而持刀人就是川村先生。我认为川村先生本意是想通过内部公司之间的竞争，消除大企业的这种内部相互依赖的体质。在当时，要想重建日立，这是非常必要也是最好的措施。

导入内部公司制时，我正在德国出任日立电力欧洲的社长，听到从日本传来的川村先生的铁腕之举，也是吃了一惊。在那之后，我担任了内部公司之一的基础设施系统公司的社长。虽然到我出任日立公司执行役社长为止，这一职务仅仅持续了一年。

关于"其实吧"的故事

内部公司制对日立的 V 字复苏做出了很大的贡献，但是导入该制度 5 年后，新的课题又浮出了水面。虽然业绩达到了一定的水平，但是要想取得更高水平的成长，感觉还是缺了点什么。

这个阶段也正好是我在中西 CEO 手下作为社长兼 COO 学习的时期。在细节层面，各内部公司中还存在着一些没有废除的无收益和低收益业务。

"大企业病的残渣依旧到处蔓延……"，当我越能看清公司内部的实际情况，就越深切地感受到这一点。

我成为社长的第一年，也就是2014财年，正值川村会长与中西社长于2013年制定的日立2015中期经营计划（简称15中计）的中间年。财年从4月开始，收集各内部公司和集团公司根据经营计划分别编制的预算，统一编制日立集团的合并预算，据此来发布日立集团一年的销售额和利润的预期。业绩预期也相当于日立与股东的约定，日立的股价会据此产生变动。

15中计当初提出的2015财年目标是销售额10兆日元，营业利润率超过7%，而2015财年的期初业绩预期是销售额9兆9500亿日元，营业利润率6.8%。在这个阶段，达成15中计目标的信号灯已经亮起了黄色。

正如刚才所说，在内部公司制中，各内部公司都有社长，他们的权限和责任都有明确的规定。虽然被赋予了很大权限，但是如果不能按照预期提升业绩，社长人事就会发生变化。为此，虽然总公司的社长有决定内部公司高层人事的权力，但原则上是不会插嘴的。

当然，也不是说所有的权力都交给了内部公司。每个季度都会收到之前的销售额和利润的达成度，以及财年内的达成预期的报告。以该报告为基础，会修正并公布公司整体的业绩预期，股价主要据此发生变动。

我成为社长以后才知道，到上半期为止，几乎所有的内部公司都会提交"财年内目标可以达成"的预期报告。股价也维持在坚挺的水平。但是，年关临近，到了第3季度即将结束的时候，情况发生了变化。

"其实吧……"

达成预算目标变得困难，这类报告开始明显增加。我把这个现象叫作"其实吧"的故事。

不断重复的"第3季度冲击"

加上"其实吧……"的报告，无论怎么做都达不到期初预期的业绩。因此，发布第3季度业绩的同时，预期也需要下调。

结果，股价急剧下降。这种现象被称为"第3季度（3Q）冲击"。

例如，信息通信系统公司在2015财年的期初预期是销售额2兆1000亿日元，营业利润1580亿日元。营业利润率的预期为7.5%，超过了全公司的目标。不愧是最盈利的IT事业，实力果然不同凡响。

到上一季度为止，我收到了可以达成目标的报告。但是，还是会发生"其实吧"的故事。到了第 3 季度，全年的目标调整为销售额 2 兆 800 亿日元，营业利润 1370 亿日元，营业利润率变成了 6.6%。

结果，第 3 季度的决算发布，集团合并的全年业绩预期也变成了销售额依旧是 9 兆 9500 亿日元，营业利润不得不下调为 6300 亿日元，营业利润率变成了 6.3%。

别说 15 中计的目标了，连期初的预期也无法达成，参见图 2-1。

		2015 中计目标（2013 年发布）	2015 财年期初的预期（2015 年 5 月发布）	第 3 季度预期下调（2016 年 2 月发布）	实际业绩（2016 年 5 月发布）
销售额	集团整体	10 兆日元	9 兆 9500 亿日元	9 兆 9500 亿日元	10 兆 343 亿日元
	信息通信系统公司	—	2 兆 1000 亿日元	2 兆 800 亿日元	2 兆 1093 亿日元
营业利润（营业利润率）	集团整体	7000 亿日元以上（7% 以上）	6800 亿日元（6.8%）↓	6300 亿日元（6.3%）↓	6348 亿日元（6.3%）→
	信息通信系统公司	—	1580 亿日元（7.5%）	1370 亿日元（6.6%）↓	1413 亿日元（6.7%）↑

图 2-1　日立的"其实吧"的故事——未达成的 15 中计

发布了业绩调整后，股价从发布前的 592 日元，下跌到了发布 10 天后的 431 日元（2018 年股票合并前的股价）。到了年末，反复下调业绩预期的企业不会被股市信任。此外，作为曾经达成了 V 字复苏的公司，原本的市场期待值也更高。

最终，2015 财年决算时，销售额达到了 10 兆 343 亿日元，超过了原定目标，但最终还是止步于营业利润 6348 亿日元，营业利润率 6.3%。

"其实吧"的故事所带来的"第 3 季度冲击"发生过不止一两次。

我沉痛地感到："不能再这样下去了。"以这样的状态继续上演"其实吧"的故事，什么时候业绩再发生急速下滑也不会让人感到奇怪。

谷仓效应的弊病

日立的内部公司均拥有多种业务。以上述的信息通信系统公司为例，在 2015 财年，就拥有应用服务事业部、金融系统事业部、公共系统事业部、通信网络事业部等 10 个左右的事业部，除此之外还有一些正在开发新事业的部门、经营战略室、推进业务改革的部门、营业统管本部等。

对各内部公司的评价本是按照其内部公司整体的销售额和利润率进行的，作为内部公司的社长自然会在高收益事业上更下功夫。这样做不是不好，问题是那些无收益和低收益的事业。

部门的负责人自不必说，"本季度一定要转亏为盈""提高盈利水平"，并制定改善业绩的计划。

如果能按照制定好的计划达成目标的话，什么问题都没有，但如果千辛万苦却制定了不切实际的计划，又没有经过精细的检查和推敲，那么就会像上文所说的，在第3季度就会有"其实吧"的故事在前面等着了。

"即使自己的部门是赤字，其他的部门也会帮忙填坑"，本想通过导入内部公司制来清除的这种依赖心理，依旧根深蒂固。

从内部公司制中我也看到了另一个课题。各内部公司虽然被视作独立的法人，也明确了责任和权限。但反过来说，容易形成谷仓化。被厚厚的砖块围起来的内部一点也不可见，完全是"壁垒"状态。即使知道成果（业绩），也看不清楚里面的详细内容。如果不知道哪里出了问题，使得目标无法达成，也就无法考虑应对方法或解决方案。

诚然有人会认为，即使已经形成谷仓效应，但只要业绩有所提升就好。比如，日立从事电梯业务等事业的城市开发系统公司，就属于高盈利内部公司。2015 财年的营业利润率达到了 10.3%。

即便如此，我也不认为保持谷仓效应是好事。什么地方好呢？只是偶尔运气好吗？虽然进展顺利，却看不到里面的详情，无法让公司内部共享宝贵的成功经验。那是公司的损失。

君临而不治

各内部公司是纵向划分的，除了信息交换和管理层人员以外，几乎没有横跨内部公司的人事变动。看上去就像是各不相关的公司。

因为各个内部公司都被视为独立法人，所以彼此互不关联似乎也是理所当然的。但对于日立来说，这成了非常重要的课题。这是因为，为了将前文中写到的中西先生交付的任务"强化社会创新事业"付诸实施，IT 部门与轨道部门、电力部门、产品部门等就必须联起手来，创造和开展新的服务。

在下一章我会对此进行详细说明，如果还继续保持这种顽固的纵向结构，在不久的将来公司发展一定会遇到瓶颈。

最大的问题就是管理层的想法很难传达给基层员工。总部的社长虽然可以更换各家内部公司的社长，或者在经营计划制定阶段指示内部公司的社长，但是无法弄清楚内部公司的人事。也就是说，不能通过人事，向事业部长和营业部长级的管理人员或一线员工传达指示。员工眼中只有掌管自己内部公司人事权的内部公司社长，而不是日立总部的社长。

为此，中西先生频繁地召开全体员工大会（职员集会），希望加深与员工之间的交流，但人事权只要掌控在内部公司社长的手上，只靠员工大会，影响力是非常有限的。

管理层正在为实现 7% 的营业利润率摇旗呐喊，但这一思想并没有彻底传达给所有员工。大部分员工认为，只要在内部公司做出成果就好了。陷入了"社长虽在但君临而不治"的状况。

将谷仓"可视化"

川村先生和中西先生大力推动的事业结构改革已经解决了阻碍管理的主要课题，为公司成长奠定了基础。为了进一步推进改革，使日立成为"能赚钱的公司"，就必须找到并解决"隐藏的课题"，如公司内部仍然存在的大量无收益和低收益业务。否则，全球形势和社会只要稍有变化，公司业绩就会大起大落。

"再这样下去，日立肯定还会再出现赤字。V字复苏后，搞不好还会再次陷入谷底变成'W形'。"

我心中产生了强烈的危机感。

正如之前所说，内部公司制确实是一个合理的制度。它成为V字复苏的强力引擎。当初的日立，就像是泡在温水中的巨舰，爆出巨额赤字，濒临倾覆。在此状态下重建日立的经营，内部公司制曾是最好的措施。但现在日立想要获得更进一步的发展，内部公司制反而成了前进路上的绊脚石。

因此，我决定废除内部公司制，转而实行BU制，即所有业务都由社长直接掌管，把握情况。

BU制是我在与全球员工谈话时产生的构想。自就任社长以来，我在全球举办了大约 30 场全体员工大会，并召集部长以上的干部举行了 20 多次午餐会。

"要在全球竞争中生存，我们需要什么？"

"为什么不能打破纵向组织结构，在日立集团内更迅速、有效地合作？"在认真讨论日立的未来的过程中，我了解到许多员工也意识到了当前形势下所面对的课题与挑战。

因为大家同是跨越了 2008 财年危机的伙伴，心中的感受和想法有很多重叠。我的职责就是构思并实现可以达成这些想法的机制，与员工同行。那么，就只有打破内部公司制这个谷仓，让内部细节更加"可视化"，一切推倒重来。由此，我决定了由自己来掌管所有事业的经营。

然而，这也意味着，要推翻培养我并指名我为接班人的川村先生所导入的制度，这需要相当的觉悟。要完成川村先生交给我的任务，让日立变成一家"能赚钱的公司"，BU 制必不可少，因此我还是下定了决心。

我甚至没有和中西先生商量。因为他本就说过，"怎么做，全权交给你"，所以我想，即使找他商量，估计他也会说"想怎么做就去做"吧。

图 2-2 展示了内部公司制与 BU 制的具体框架。

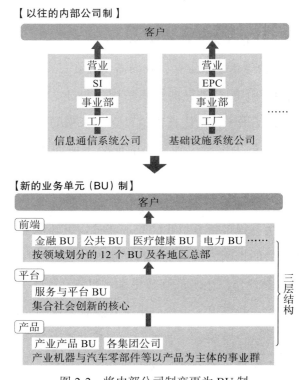

图 2-2　将内部公司制变更为 BU 制

注：含 SI（System Integration，系统集成），EPC（Engineering，设计），Procurement（采购），Construction（建设）等项目对应的部门。

重新审视内部公司制

所谓 BU 制，是将销售额最大可达 2 兆日元规模的内部公司拆分，重组为销售额为 2000 亿至数千亿日元的

BU（业务单元），全部由社长直接掌管的一种制度。

当时的 9 家内部公司被分割成了 14 个 BU。每个 BU 都设置了 CEO（BU 长），拥有投资权限，并需承担收益责任。BU 的 CEO 主要由常务和理事级别的人员担任。

BU 制由三层结构组成。将传统的按照产品分类的内部公司拆分，变为以服务为主体的前端 BU 群和以产品为主体的 BU 群。

因为要面向客户开展工作，所以叫作"前端"。被分类为前端 BU 群的是原子能 BU、电力 BU、轨道 BU、楼宇系统 BU、金融 BU 等，以及美洲、亚洲和太平洋等地区的统括部门。

在以产品为主体的 BU 群中，除了产业产品 BU 之外，还对制造销售产品、零件、材料等的集团公司进行了分类。

因为产品主体的一部分事业和子公司从这个阶段开始就要考虑未来可能进行事业重组。

我觉得："虽然现在有的内部公司的营业利润率接近两位数，但是如果市场变成红海，或是出现大众化趋势，就可能必须考虑出售事业或与别的事业展开合作了。"

回到三层结构的话题。以前，为提供先进数字服务所必需的技术，包括 AI（人工智能）、数字化、安防、机器人、控制技术等，都分散在很多不同的部门。为了将其整合、集中，新设立了服务与平台 BU。这样就形成了前端、平台、产品的三层结构。

位于中间的服务与平台 BU，具有开发和提供上层前端群与下层产品群可共同利用的服务与平台的作用。也就是说，这个 BU 将成为中西先生委托我开展社会创新事业的引擎。引进 BU 制后不久，我把服务与平台 BU 开发的平台命名为"Lumada"，下一章我将详细介绍"Lumada"。

"秘密"的内部革命

整体构想已经完成，但困难才要开始。

BU 制的导入是一场公司内部的革命，怕是会掀起一场极大的混乱。

9 家内部公司的社长可说是一国一城之主。要从他们手中收取领地，可以预见其难度。

在内部公司制下担任集团长或内部公司社长的这些高管，其中不乏日立的副社长们，如果没有了内部公司，他们的工作岗位也就没了。

最艰难的不仅是董事和理事这些经营干部。要导入BU制，除了集团事务部门和研发集团以外，人事调整几乎涵盖了所有员工，这些也都必须坚决推行下去。

我想："要是慢条斯理地向前推进，公司内会充满不安、不满、反抗的论调吧。这一定会影响士气。速度就是生命。就不提前通知了。"

决定推行BU制是在2015年的夏天，从当年8月开始，一直在推进BU的组建工作和CEO的遴选工作，并且指示由CEO候选人组成的队伍着手制定从2016财年开始的为期3年的2018中期经营计划。

然而，除了副社长和已内定为BU CEO的候选人以外，当时这个计划对内部公司的社长们都是保密的。

虽然也说不上是绝对机密那么夸张，但我只是和大家交待"我将制定下一个中期经营计划，所以希望大家集中精力完成本年度的预算目标"，完全没有提到关于体制改革的事情。

以往在制定中期经营计划的时候，一般会听取集团长和各内部公司社长关于现状的报告和意见。但在那个时候，我们没有这么做。我想，副社长和经营干部们也隐约感觉到了"好像有什么事要发生了"。

因为防不住大家的风言风语，所以当时公司内可能也流传着"明年好像会发生什么"这样的传闻。我想很多人当时都过得很艰难，我内心也感到抱歉，但是那半年多的时间里我只能装作一副不知情的样子。

BU 制的导入是典型的自上而下的改革，所以我特意没有事先告知大家。当时或许也有"认真地说明内部公司制面临的问题和推行 BU 制的优点，倾听各方人员的意见，再进行斡旋"这样的选择，不过当时即使把我的想法对大家说明了，应该也不能马上得到大家的理解吧。

在实行大改革时，有时最终的结果要比过程上的解释更重要。即使在得出结果之前做了各种各样的说明，也只是让大家越来越疑神疑鬼。与其这样，不如拿出结果，告诉大家"由于各位的努力，业绩变好了，奖金也变多了"，这样的话反而更容易得到大家的理解。

我下定决心坚持到 2018 财年。所以即使心里对大家抱有歉意，仍然一直秘密推进计划。如果 3 年后，也就是 2018 财年能够实现 8% 的营业利润率，那么大家最终都会接受的。正是出于这样的考量，我才坚决地实行了公司内部改革。

"信息通信系统公司"解体

在就任执行役社长兼 CEO 的同时,BU 制正式导入。

2016 年 2 月,在推行新制度前仅仅 2 个月,我们正式向员工发出通知,同一时间也对媒体公布了这一信息。

下面是当时在公司内部发出的相关信息的一部分。

在向新体制过渡的过程中,不同地区或组织之间可能会发生冲突。如果在这个过程中发生问题,请不要用日立的逻辑,而是尽量从客户的角度出发,展开充分讨论。一旦得出结论,大家就应该团结一致,创造解决社会和客户课题的革新。这就是日立创业的精神——"和"。创造了日立历史的前辈们,正是秉承这样的精神使日立成长至今。

大家每一个人都将肩负今后日立的成长重任。请务必以"I do""I will"这样的主观能动精神,使整个日立集团团结一致,彻底推行市场代入,在服务和产品两个方面推出有价值的创新,为人们的 QOL(Quality Of Life,生活品质)的提高做出贡献。

"信息通信解体""分散 IT 精锐"。

在上述信息发布后的第二天,某报纸的头版上赫然出现了这样的标题。"信息通信"是当时对信息通信系统公司的简称。

虽然确实是"拆分",可被拆分的不仅是信息通信系统公司一家,媒体却只盯着"信息通信"。

公司内部自然也出现了动摇的声音。一部分员工提出"为什么要拆分呢?""为什么不在向媒体发布之前先内部说明一下?"

诸如此类的不满纷至沓来。周刊杂志也刊登出"东原体制下的动荡"这样的内容。

由于是在中期经营计划目标恐难达成的危险时期展开的改革,我想大家会感到不安也在情理之中。当时在我脑海中,虽然已有为了达成目标的各种想法,比如建立共通的平台或是推进自律分散型全球经营等,但没有对员工们详细说明。

"总之,完成以 BU 制为前提制定的 2018 中期经营计划,拿出成果是最重要的。"当时我这样对自己说道。

打破纵向壁垒

当然,消息正式发布后我们也通过公司全体会议等方式向员工认真地说明了改革的意图。即使可以自上而下地导入制度,如果员工的意识不改变的话,也不会取得成果。因此我希望每个员工能够自主思考，改变意识。

全体副社长都以社长助理的位置来辅助经营。每位副社长都按照以往的分管业务或是推进物联网等新业务来划分负责领域，制定企业并购和成长战略等未来的事业方针。

如果用政府来比喻的话，就是把原本担任财务部和外交部等部门的部长，平行调任为新重组部门的部长这样的人事安排。

在进行这种人事调动的时候，并没有能让所有人全部接受的魔咒。然而，如果用政府的体制来比喻说明的话，应该可以促使大家转变观念——不能只关注各个部门，从今以后要着眼于日立的整体。

我想当时应该也有很多不满的声音，但是最终并没有人因为这个而离开公司。这让我更加切身感受并清楚认识到了 CEO 的力量及责任。

总而言之，BU 制就这样运行了起来。

BU 制的一大目的是让社长掌握所有一线的情报，倾听一线的声音，并在经营中发挥作用，直接掌管正是为了实现这个目的。

然而，像日立这样的大型企业也能做到吗？可能不是太容易理解，接下来我来说明一下具体的措施。

我们召集了各 BU 的 CEO，开始了每月一次的情况报告，这被称为"BU 长会议"。之前是由内部公司的社长来听取各事业部门高层的汇报，现在则全部由我来负责，以便亲自掌握实际情况。

在 BU 长会议上需要关注的要点包括：

- 判断营业利润率不足 5% 的事业应该改善还是撤退
- 赤字项目的早期止损
- 提高服务品质和最小化成本损失

反复讨论这三点，如果有不产生利润的业务，就彻底追查原因并寻找改善的方法。

如果是有问题的项目，就提出解决方案并互相商讨。日立有很多优秀的技术人员，但是在纵向分割的内部公司制中，问题在内部公司之中解决是常态，和其他内部公司的技术人员没有合作，也没有关于技术和解决方案的信息共享。因此，我希望通过把所有的业务都由社长直接掌管，从而打破纵向壁垒。

电力系统开发中发生问题

举一个例子。我们通过向能源解决方案 BU 派遣公共

BU 的 IT 技术团队从而解决了问题。

日立开发了电力供给的广域电力平衡系统，交付给了电力广域运营推进部门。

这个系统也被称为"广域机关"，主要功能是负责对东京电力和东北电力等日本各地的电力公司的发电站所生产的电力进行广域管理，保证在需要的时候供给必需量的电力。这也是由日立在世界范围内率先开发的系统。

正是由于有了"广域机关"，在炎热或寒冷的日子里东京电力管辖内的电力即使出现短缺，也可以更容易地从东北电力或者中部电力那里平衡调取电力。

广域机关系统大致由两个子系统构成。其中一个是广域监控系统。它能够监控从北海道到九州、冲绳的 10 个电力公司区域的电力供需状况，以及中间联结的基干输电线的电流。除了平时的监控之外，该系统还用于因地震、台风等自然灾害或电力设备故障等导致供需紧张或发生停电时，指挥电力公司之间开展广域合作。

广域监控系统是一种被称为 SCADA（数据采集与监视控制系统）的 OT（控制技术）系统，通过计算机监控并操作系统。这是能源解决方案 BU 所擅长的领域，该 BU 继承了日立长期从事的供电控制系统技术。

另一个子系统是在2016年日本电力零售自由化之际，为了激活电力市场交易并实现稳定供给而开发的全新子系统。也许有人不知道，实际上电力就像股票一样可以被自由买卖。

即使在1天前的交易结束后，为了解决由于天气变化等导致的供需平衡变化，在实际供需（实际送电）的1小时前为止，都可以追加买卖电力。在日本电力交易所（JPEX），数百家被称为"新电力"的零售电力供应商每30分钟就会进行数千个投标。

在这种情况下，为了完成跨地区互联线路的交易，例如东京地区和中部地区之间的交易，需要向广域机关系统询问交易是否可行。因此，广域机关系统之中包含一项功能，能够立即判定被发送来的数千个地域间连线能否使用，并且毫无延迟地将其传送给日本电力交易所。这个功能就是日立制造的。

另外，电力无法储存。如果不时刻保持需求量和供给量相同，电力的品质（频率）就会紊乱，无法实现稳定的电力供应。因此，为了在扩大电力自由化的同时实现稳定供给，新导入了"计划值同时同量"制度。

监督并确保这一点也是电力广域运营推进部门的重要

工作。将发电公司的计划电力零售公司的计划以及发电和零售通过地区互联线路进行交易的计划全部提交给广域机关系统，广域机关系统会以 30 分钟为单位确认并保持数千个计划的一致性。

广域机关系统的这些功能，使之成为大型 IT 系统的一种，可高速处理与电力交易相关的大量、复杂和受限信息，这是常年从事开发信息控制系统等 IT 系统的日立信息通信部门的专长。

仅靠单个 BU 无法应对

广域机关系统是在内部公司制时代由曾经的电力系统公司拿下的订单，后来能源解决方案 BU 接管了该业务。然而，电力自由化比当初预想的规模还要大，系统在处理日本电力交易所所需的大量数据（判断互联线路是否可用）时发生了故障。

有一天，BU 长会议上有人汇报了该系统的故障。

"到底是什么原因造成的呢？"

"因为这个系统需要处理大量的信息。"

我马上就明白了是传输系统存在问题。

电力部门开发的系统极为耐用，但是在无法预测交易量的电力市场交易中，当大量的交易处理一次性发生时，这一系统难以灵活应对。

"要从根本上改善，只靠能源解决方案 BU 的技术人员无法应对。需要信息部门专家的协助。"

我的直觉这么告诉我。通过分割旧信息通信系统公司重新组成的公共 BU 拥有擅长大型 IT 系统的技术人员团队，我当场决定将他们派往能源解决方案 BU。最终，公共 BU 和能源解决方案 BU 的技术人员齐心协力解决了该问题，广域机关系统得以重建，实现了稳定运转。

虽然故事有点长，但简单来说的话，在 BU 制中，某 BU 的项目出现问题的时候，可以从别的 BU 派遣支援人员机动地解决。这在纵向分割的内部公司制下是难以实现的。

前面我提到了 OT（控制技术），以控制和运用为主的 OT 领域，也可以说是日立的传家宝。除此之外，还有轨道运行管理系统、电网（输配电网）运营管理系统等。今后，在 OT 领域会更加需要能够处理大量信息的 IT 技术。轨道部门和电网部门，以及 IT 部门的技术人员之间的合作必不可少。从这个意义上来说，上述电力供需广域机关系统的事例是一个成功的经验，可以作为改进其他 OT 领域业务的参考。

构建跨越 BU 壁垒的合作体系，换句话说，就是共享公司内部不同技术部门、不同技术人员所积累的技术和解决方案。这是下一章会详细介绍的 Lumada 的基本理念。

是 8% 还是退出

虽说 BU 制所有的事业都由社长直接掌管，但这当然不是因为我单纯想要提出各种意见。我推进 BU 制最大的目的是掌握全公司的业务和项目的实际情况，梳理亏损的业务和缺乏未来成长预期的低收益事业，让日立成为"能赚钱的公司"。

我对每个 BU 的 CEO 宣布，"对于营业利润率在 5% 以下的业务，如果没有合理的改善前景，原则上应该退出"。

如果继续推进的话，以营业利润率在 8% 以上为目标，否则就要退出这项业务。被迫要进行二选一，我也觉得非常严苛。

以前有过这样一件事。曾经的内部公司之一的电力系统公司，当时正在发展电力销售业务这项电力新业务。正如我前面所提到的，电力事业自由化之后，日立也加入了这项新的业务。

日立有涡轮机和锅炉等发电设备的设计・制造技术，维护的知识和经验也很丰富，所以以电力自由化为契机，日立加入了电力销售业务，并且新建了火力发电站。

然而，电力系统公司的利润率一直低迷。导入 BU 制打破了孤岛，了解实际情况时，才发现电力销售业务一直在持续亏损。

如果要在电力销售业务中保持竞争力，就必须长期稳定地采购廉价燃料，并进行风险管理，将成本控制在一定水平之下，但日立并不具备这方面的专业经验。在调查时，我们发现与电力供应商签订的合同也存在问题。电力价格几乎是固定的，在电价中反映燃料成本等所有材料成本变化的机制并不完善。

不出所料，燃料费一开始上升该业务马上就陷入了亏损的境地。不仅没有盈利，甚至连建设发电设施的投资成本都没能收回。

"禁止"土木工程

我和电力 BU 的 CEO 进行了讨论，马上就决定了退出电力销售业务。当然，因为还有现有合同，所以即使决定了退出也不能马上结束该业务。

取而代之的是，针对每个项目，向对方说明业务环境的变化，推进关于变更合同内容的交涉。在这种时候最重要的是，如果碰了钉子，不要立刻就接受现状，而要竭尽所能地减少损失，不断摸索。

在退出电力销售业务的同时，还终止了附带土木工程的项目。这是因为在仔细调查了各 BU 的附带土木工程项目的实际情况后，发现无论哪个项目都处于亏损状态。所以立刻决定终止。

我在日立电力欧洲公司的时候，也在德国负责过建设发电站的项目。根据我的经验，如果涉及土木工程，工程费将占销售额的 6 成左右，而且日立并没有土木工程部门，只能 100% 外包，赚不到钱。从剩下的 4 成销售额中减去发电设备的设计、制造和安装等成本之后才是利润。如果项目全部按计划进行还能接受，但是工程延迟的话，工程的人工费就会持续增长。如果不能很好地与客户以及外包方分摊这部分多出的成本，项目就会立即陷入亏损。也就是说，做附带土木工程的项目，即使会使销售额上升，也不会随之带来利润。

为什么日立会变得对赤字如此不敏感呢？

日立有110多年的历史，起点是工厂文化。本来就有"只要制造出好产品就能卖出去"的想法。工程师有工匠精神，这是好事，热情也难能可贵。然而，只要能做出好的东西就应该能卖出去这样的想法并不实际。

我觉得日立缺乏将自己作为一个企业来经营的心态，例如，在关键节点重新审视合同，设想最坏的情况并加入退出条件等商业必需的意识。即使出现赤字，也会以"对环境问题做出了贡献""对社会做出了贡献"等理由去回避。

没有"赤字即是恶"的意识是很危险的。不赚钱是不行的，如果没有利润，就不能进行下一次为社会做贡献的投资。我认为出现7873亿日元赤字的根本原因就在于这种心态。

死水必腐

如前所述，导入BU制的目的就是让社长掌握所有一线的情况，倾听一线的反馈并运用到管理中，把握全公司的业务和项目的实际情况，梳理亏损和缺乏成长空间的业务，其核心是必须让日立摆脱大企业病。

俗话说"流水不腐",但反过来说的话,就是"死水必腐"。组织也是一样,组织僵化是大企业病的根源。为了摆脱大企业病,我认为组织和人员都需要新陈代谢,BU制的导入正是组织和人员的新陈代谢。

然而,像BU制这样需要亲身上阵的业绩管理,并不是在任何公司都能很好地发挥作用。在第1章中我写道,我的"知命"就是对一线了如指掌,如果高层缺乏第一线的管理能力,就有可能适得其反。

我长期在一线从事各领域的工作,有较为丰富的一线经验,通过在每月的BU长会议上听取报告,查看报告中的数据,可以在某种程度上想象出一线的状况。有时听着报告,突然就觉得:

"啊,这可不行啊。"

有这样靠直觉就能一语道破的时候。

这可以说是行走一线之人的奇特习性吧,听了报告后我直觉感到不好的业务基本上都不顺利。数字也不能只是单纯地看,需要细分化地分析,这样才能透过数据找出原因。

如果现在有人汇报说"信息通信类业务的一个项目的利润率是3%"的话,那么谁都能看出是有问题的,因为最终目标是8%。然而,如果不清楚一线情况,就不会清楚问题发生在哪里。

这种时候，要么是合同有问题，要么是系统开发人员的配置有问题。

信息通信类业务的核心是系统开发，而系统开发的主要成本是工程师的人工费。因此，利润不增长的原因很可能是签合同时的预见性不强，或者是与客户的规格协议不一致造成开发延期，成本高涨。也可能是公司内的人员配置或者与公司外合作伙伴的配合不好，开发不顺利而花费了过多的成本。因此，如果把重点放在合同和开发上，问题很快就会迎刃而解。

项目负责人需要具备的能力是使项目成为对客户和自身公司双方都有价值的业务。在这个过程中我们往往会尽量避免争执，希望对方能肯定自己。然而，如果成本增加导致需要修改合同，即使有时很难说出口，也必须毫不畏惧地提出。

"先忧后乐"规避纠纷

关键是要认清问题，不要拖延。如果是在早期阶段，受到的损失也能降低，如果有问题的话应该尽早通知客户和公司管理层，寻求决断。这就是先忧后乐。谁也不想和客户吵架，如果是初期，还尚且能够灭火，因为"难以把问题说出口"，或者明明向上汇报就能解决问题却偏偏要坚持"自己解决"，结果反而会把问题搞大。

假设现在有一个项目要为 A 公司构建和交付某个系统。那么在这种情况下，要么是将已有的产品重新定制为 A 公司的规格，要么是从零开始设计新的系统，只有这两种情况。当然，如果能利用既有系统成本会比较低，但是也有风险。例如，随着项目的进行，有时会发现仅靠修改现有系统无法满足客户的要求。

这个时候，最坏的模式是"好不容易拿到了订单，我会为贵公司从零开始构建系统"。但是订单金额仍然是以活用既存系统为前提的价格，所以自然会出现大赤字。

那么该怎么办呢？即使是以活用既存系统为前提，在确定能满足客户要求的系统规格之前，也要考虑到有变更的风险，做成能够调整价格的合同。虽然"想把价格调整的项目加入合同中"之类的话很难说出口，但是如果向客户说明条件和风险，达成协议，并适当地将其纳入合同，以后就不会出大的问题了。尽早暴露出问题所在，对客户来说最终也会有好的结果。

现实中几乎没有这种简单的失误，这是为了简单易懂举了一个极端的例子。在现实中，还有许多更复杂、更棘手的问题。

活用现场力的经营

言归正传。"好像有些不对劲""这样应该不行"——我不止一两次得益于自己的直觉。

比如，有业务负责人来说明新的事业计划。如果是工厂的自动化或是轨道、电力系统的控制系统的话，听了客户的要求和预算，我的脑海中马上就会浮现出系统该如何构成。

可以说是对于预算的直觉吧。如果实际的事业计划和我脑海中浮现的系统一致就没有任何问题，不一样的话就会亮起警示的黄灯。如果计划的完成度高于我的预估，我就会直接指出：

"以现有的预算根本不可能完成。"

再详细询问项目的整体构想、费用分配和人工费等内容，就会发现按原计划推进的话，产生赤字或是营业利润达不到目标的风险很高。

不管你计划得多么仔细，首次实施的项目总是伴随着失败，出现赤字也是常有的事。因此，在开始新事业的情况下，比起眼前的利益，判断将来是否会产生更大的利益才是更重要的。然而，如果你不熟悉一线，就很难做出判断。

之前也说过，我进入公司以来，参与了电力、轨道、制造工厂等各种领域的项目的现场管理，重建了很多混乱的项目，使亏损的业务扭亏为盈。我曾在德国担任火力发电系统公司的社长，并且在日立工厂技术部门参与了建设工程，所以日立各种业务的大部分一线情况我都有所了解。

BU 制的核心是高层掌握所有业务、现场的实际情况，与 BU CEO 进行合作并领导经营和解决问题。然而，如果只是从负责人那里听取报告，而不知道一线实际发生的事情和问题的原因就很难开展工作。这并不是任何人都能采用的制度，需要具备在广泛领域的一线工作中培养的能力和经验。

通常情况下，领导者是根据结果来判断的。一线的事情交给一线人员处理，如果进展不顺利的话，就更换负责一线的高层。这是美国的商学院等所教授的合理经营方式。

然而，我无法用这种方式进行管理。并不是好和坏的问题，而是类型不同。对于了解一线的我来说，应该存在只有我才能进行的经营方式。这是我就任社长时的初衷，也正是考虑到这一点，我导入了社长直接掌管业务的 BU 制。

不惜升级

幸运的是，BU 制运行良好，各 BU 逐渐能够遵守年度预算。这是迈向成为能赚钱的公司的一大步。

然而，新的挑战随之而来。

前面我也稍微提及了一下，BU 制让各 CEO 承担收支责任的同时拥有了投资的权限。然而，BU 的年销售额都是 2000 亿至数千亿日元的规模。即使想以 M&A（并购）发展业务，也只能收购符合各自体量的公司。销售额低的话，思考问题的格局也不会太大，这样就无法期待大幅增长。

因此，在引入 BU 制第 2 年的 2017 财年，将各 BU 分为电力·能源、产业·流通·水、城市、金融·公共·医疗健康 4 个重点领域，并请作为社长助理负责特殊任务的副社长们担任各领域的领导。经过职责调整，2018 财年电力·能源领域的负责人为西野寿一先生，轨道和建筑事业等城市领域的负责人为小岛启二先生，产业·流通·水领域的负责人为青木优和先生，金融·公共·医疗健康领域的负责人则是盐冢启一先生。

"不管是 M&A，还是强化研究开发。请大家考虑要以什么作为业务增长的推进力。"

领导产业·流通·水领域的青木先生提议并主导收购了美国寿力（Sullair）空气压缩机（产业用压缩机）制造销售公司，收购额约为 1500 亿日元。这主要是因为预想到在美国市场压缩机的需求会增加。如果是规模小的 BU，则很难判断 1000 亿日元规模的收购吧。产业·流通·水领域的销售额规模约为 7000 亿日元，如果考虑整体的现金创造力和协同效果，就可以决断了。青木还兼任集团公司日立产机系统的会长，是日立中长期在产业部门效力的人物，对于一线也了如指掌。

为了构筑制造业的生产线，导入辅助机器人，主导收购美国的机器人系统集成企业 JR 自动化公司的也是青木先生。另外，他还致力于开拓"Lumada"（将在下一章详细说明）相关业务。

领导电力·能源领域的西野先生则主导了从进退两难的英国核能业务中退出，并推进了与因南非火力发电项目而对立的三菱重工的和解。详细情况将在第 6 章展开说明。

小岛先生则从 2016 财年开始担任推进 Lumada 的角色。2018 财年就任副社长时负责轨道和建筑事业等城市领域的业务，2019 财年担任家电业务和自动驾驶系统开发等生活领域的负责人，致力于加速发展解决方案业务。

金融·公共·医疗健康领域的负责人是精通信息通信系统业务的盐冢启一先生。他被评为"Mr.IT"，是一直以来引领日立 IT 业务的人，也是在地方银行的系统开发中不辞辛劳，经历过浩如烟海般的问题而熟知一线的人。他以 BU 的大规模项目为中心，强化了严格管理业务进展的"阶段式"管理。项目的进行过程有合同、设计、制造、检查、交付等各个阶段，"阶段式"就是判断一个阶段是否恰当完成的标准。

在每一个被命名为"门"的检查点都要检查项目的进展、得失、风险等状况，如果不能通过"门"，就不能使项目进入下一个阶段。

在"阶段式"管理中，暂停有问题的项目是很简单的，但仅暂停并不能解决问题。真正困难的是得出明确指示合同、设计、人员和资源配置等方面的解决方案，在这个过程中必不可少的是经验，盐冢先生在这方面发挥了他的才能。特别是在 IT 事业中，由于采用了"阶段式"管理，问题迅速减少，成本损失大幅降低。2015 财年 IT 部门的营业利润率为 6.7%，5 年后的 2020 财年则几乎翻倍，达到 13.2%。

将 BU 分成 4 个领域可能会被认为回归内部公司制，但事实并非如此。BU 保证收益，成长战略则以更大的单位来做，这就是分工。也就是说，BU 制吸收了内部公司制的优点，这是适合日立的做法。

顺便说一下，我前面提到过 BU 制这样亲自进行的业绩管理如果没有一线的管理经验就会很困难，但这已经是过去式了。在刚开始导入 BU 制的几年里，像上述"阶段式"管理一样的规则得到了彻底落实，"赚钱能力"也得到了提升。现在，即使完全将经营交给集团和 BU，如果没有成果再更换集团和 BU 的高层，这样的经营应该也能顺利进行。

人尽其才是最难的

在 BU 制的导入中，实施了大规模的人事调动，包括从之前的事业部长和理事级别人员中选拔并任命各 BU 的

CEO。人选也都是我自己选拔的，当时的原则就是"人尽其才"。

可能有人会说"人尽其才不是理所当然的吗"。然而，我想读者们也很清楚这种理所当然是多么困难。

很多经营者就任高层后，都会任用与自己想法相近、合得来、亲近的人，这就是亲信经营。比如在美国，把信赖的心腹从外部招揽进来，担任重要的位置是很寻常的。因此，有很多流转于不同企业的职业经理人。

我对那样的人事任命抱有反感，因为那种亲信经营对于与高层不亲近的人来说并不是好事。以前我被任命为日立工业设备技术的社长时，也没有从日立总部带去任何人，而是只身赴任。如果把从总公司带来的下属安排到重要岗位上，集团公司的工作人员一定会有怨言，这会从一开始就打击他们的积极性。

不愿和意见相左或是气场不和的人走得更近，这是人的本性，但我极力避免这样做。和只会花言巧语的人交流是很舒服，但如果周围充斥着这样的人，就会像是《皇帝的新衣》中裸体的皇帝。那样就会马上又回归大企业病。与个人感情和论资排辈等无关，对于必要的职位，无论是从公司内外都要任用具有必要能力的人才，这就是人尽其才的原则。因此，副社长也任命了合适的人选。我认为建立并指挥由适当的人才组成的管理层进行团队合作正是社长的职责。

如果只任用熟知其能力的亲近之人，或是直接从外部招揽有能力的人，公司内的人才是不会成长的。那样的话，就无法培养出将要背负日立的人才了。

自己定下目标拼命努力，有干劲的人一定会成长。进入日立之后，在一线看到了很多这样的人，我想我自己也是其中之一。

遗憾的是，努力成长的人并不一定会在职位上受到厚待，这也是事实。在升迁最快的人中，善于讨好上司和长于口舌的人也不在少数，这也是大企业病之一。

有干劲，有持续努力的习惯，有成长的空间，我想尽量发掘出这样的人才。人尽其才就是基于这样的想法所确定的人事原则。

说实话，我不会轻易相信自己以外的人。准确地说，我不会相信"这个人一定会做得很好"。然而，和我一起制定新的规则或是开发新的机制的人另当别论。"这些规则不错。这一招很管用。"通过一项工作大家互相有所了解后，才可以彼此信赖并把工作交给对方。

虽说 BU 制称得上公司内部的革命，但幸运的是在 3 年内就取得了成果。在 2019 年 3 月的财务报告中，达成了营业利润率 8% 的目标。

我想，在 2016 年发布 2018 中期经营计划时，很多员工应该都没有预料到会取得这样的成绩，对导入 BU 制不满的人可能也很多。然而，我还是坚持了下来，我一直相信如果能达成目标就能获得大家的理解。通过达成目标，我相信我不仅从股东那里，也从员工那里获得了一定的信任。

第 3 章

Lumada 启动

什么是 Lumada

现在，Lumada 是日立的门面。

这么说，各位估计也还是不太明白吧。

其实，很难用一句话就说清楚，这也是 Lumada 的一大特点。

日立官方的说法是："Lumada 是以日立先进技术为基础的解决方案、服务和技术的总称，致力于在客户的数据中创造价值、加速数字创新。"简而言之，大约可称之为"日立 DX（数字化转型）事业的品牌"。

对此，我们还邀请了"演讲大神"泽圆（Madoka Sawa）先生，作为 Lumada Innovation Evangelist[一]参与相关概念说明及信息发布。他给出的描述是："Lumada 是日立集团整体朝着同一方向前进的精神旗帜。"

[一] Evangelist 指的是将技术内容通过简单易懂的方式给人们启蒙、宣讲的专业人才。——译者注

关于 Lumada 的构成和具体相关业务（见图 3-1），后文会详细说明，让我们先来聊一聊它是如何诞生的。

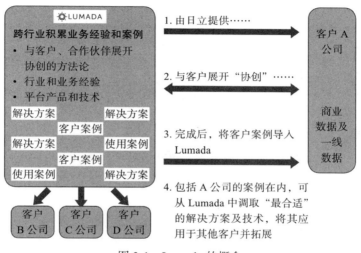

图 3-1 Lumada 的概念

正如之前所说，在我接任社长时，中西先生给出了"以成为开展社会创新事业的全球公司为目标"的任务。社会创新事业被视为日立发展的引擎，是中西先生重点关注的事业和概念。

尽管如此，当时外界对社会创新事业是什么并没有一个统一的认知，每个人的理解都不尽相同。

所以一上来我就先给出了一个定义，社会创新事业就是"运用数字技术构筑发达的社会基础设施,提升社会便利性,从而提高人们生活质量的事业"。也就是说,为铁路、电力、环境、医疗等社会基础设施领域的企业提供日立的数字技术和解决方案,通过提高社会基础设施的效率和便利性等来提高人们的生活质量。当下的说法应该就是"社会基础设施 DX 事业"。

例如,日立面向丹麦哥本哈根地铁开发的运行管理系统,就是一个很贴切的案例。

哥本哈根地铁的车辆、运行管理系统和 24 小时自动驾驶系统等,原本是由意大利铁路公司 AnsaldoBreda S.p.A. 及 Ansaldo Signalling and Transportation Systems 分别提供。2015 年,日立收购上述两家公司,接手了维保及运营工作。

丹麦地铁的运行过去存在着一个比较大的课题。展会等大型活动举办期间,某个时段车站及车厢内会非常拥挤,而其他时段又会比较宽松。高低峰落差很大。

如果以宽松时段为基准规划车辆运行班次,拥挤时段的乘客便利性就会下降。相反,以拥挤时段为基准增加车辆运行班次,则会导致乘车率下降,也不会带来利润。显然,固定班次的运行方式无法解决这一课题,但如果每次大型活动期间都要根据活动规模来预估乘客人数，再一次次变更发车时刻表，工作量又实在巨大。

针对上述课题，运用日立的 IT 技术，我们在车站各处设置了人体感应传感器，以实时掌握拥挤情况，从而构建起了新的运行管理系统，并展开了实际试验，在拥挤时段缩短发车间隔，宽松时段加大发车间隔。面对作为社会基础设施的铁路公司，利用数字技术开发针对其课题的解决方案。这正是我头脑中典型的社会创新事业。

我觉得，哥本哈根地铁项目是充分发挥日立之所长的案例。日立于 20 世纪 50 年代便开始进行计算机的开发，此后 70 多年也一直致力于 IT 技术的开发。社内公司——信息通信系统公司拆分重组后，现在的金融 BU 和公共 BU 均积累了数字技术及解决方案的相关经验。

同时，在车辆等产品制造的制造业领域，日立也拥有自创业以来超过百年的积累，相关技术和经验目前都掌握在铁路 BU、楼宇系统 BU 以及制造业的集团公司当中。

此外，运行管理系统更是日立长期与 JR 等轨道公司携手培育的成熟 OT 技术。不仅是铁路领域，发电站的发电量调整、净水厂的水泵送水量调整、工厂的生产线……在各种各样的产业一线，日立都积累了相关的 OT 技术。

我可以很自信地说，包括哥本哈根地铁项目在内，这些都是只有日立才能开发的解决方案。

如上所述，日立在 IT、OT 和产品制造领域都有着悠久的历史，积累了丰富的技术、经验、人才和解决方案，兼具这些特点的公司即使在世界范围内也为数不多。我想，正是因为拥有这样广泛的业务组合，日立才能够为各界提供社会创新事业。

如何在社会创新事业领域成为全球公司？在思考各种路径的过程中我得出了这样的结论："必须建立一个以 One Hitachi 为核心的体制。"

集团化折价

我接任社长之时，基于内部公司制，日立的各社内公司和集团公司成为集团整体的巨大支柱。其功过正如前一章所述。

在这一体制下，虽然各社内公司和集团公司可以相互切磋较量，但由于坚固的纵向分割，组织僵化，各社内公司及集团公司之间缺少信息互换以及合作的"回路"。虽然各部门都拥有很强的技术能力，但各个事业各自为政，技术、经验及数据的共享难以在集团内展开。

如果是几十年前这或许还行得通。IT革命之前，电力和铁路、电力和信息通信等不同的事业领域之间，共通的技术、系统和经验并不多。

然而，当今已经没有与IT无关的事业了。正如前文所述，在信息通信领域积累的技术和经验可以用于电力供给系统的案例数不胜数。

好不容易拥有广泛的事业，却无法促使事业之间产生协同效果，这样日立整体的企业价值，反而小于各事业价值的总和。也就是通常所说的集团化折价（conglomerate discount）现象。

彼时，投资者纷纷发出质疑：

"不明白日立到底是家什么公司。"

"应该进一步加快事业的选择和集中。"

有人更是严厉批判："日立的集团化折价简直糟糕透顶。"

要让投资者入股，就要让他们理解日立的经营方针，这是非常重要的。日立发行的股份中超过40%都由日本以外地区的机构投资者所持有。财报发布后，社长和董事需要在欧洲、美国、亚洲分别拜访15家左右的投资机构，对日立的经营方针和事业进行说明，与对方交换意见。

"日立的集团化折价简直糟糕透顶"——这正是在我接任社长后访问某投资机构时,被对方严厉指摘的。

这难道不让人感到懊恼和不甘么?我当时就想,怎么也要逆转这一状况,让日立整体的企业价值超过各事业价值的总和,成为"集团溢价"(conglomerate premium)企业。不,是必须逆转。否则公司就无法成为能够立足世界舞台的企业。我想,这一点日立还是可以做到的,再怎么说也是兼具IT、OT、产品三板斧的企业。

为此,我们需要建立一个平台,让各事业、部门积蓄的可称为日立资产利刃的人才、技术、经验及数据,在集团内可以自由活用。此外,为了让各个事业并非如内部公司制时代那样各自为政、各自发展,一个共通的平台也是非常必要的,只有这样才能做到将多种事业组合起来,以"One Hitachi"的形态为客户提供新价值。

最初的不被理解

话题稍微扯远一点。其实,我脑子里早就有"自律分散型全球经营"的想法。

日立是一家跨国公司。不仅在日本,还以北美、欧洲、中国、东南亚及印度等地区为中心开展着事业。截至 2022 年 12 月末，日立在全球约有共计 35 万名员工。其中，日本约 15 万人，其他地区约 20 万人。我接任社长时，这一数字还是日本约 20 万人，其他地区约 12 万人，共计约 32 万人。

当今世上全球化经营虽然已是常态，但依然存在着风险。如果全球各地区的公司之间过于相互依存，一旦某地发生自然灾害或冲突等突发巨变，就会有一损俱损的风险。

例如，如果仅因价格便宜就将材料采购和制造集中在某一特定地区，虽然暂时提高了效率，但如果该地区发生灾害、冲突或商业摩擦，流通一旦中断，供应链也会被切断，业务将瞬间被迫停下来。

为了推进全球化经营，各地区必须摒弃过度的相互依存关系，采取自律分散的模式……这就是我的基本想法。也是我从长期参与的轨道运行管理系统中得到的启发，后文会就自律分散型全球经营的理念再进行详细说明。

接任社长之后，我向公司内外公布了自律分散型全球经营的具体构想。结果，却发生了意想不到的事情。

社长说要"自律分散"，各地区自然也就行动起来。

既然是自律分散，美国、亚洲等地区的各公司就开始各自展开单独的计划，其中不乏相似或重复的项目。

"看来还是说早了。糟糕。"

自行采取单独行动的话，效率不高。这样下去的话，有的地区已经开发过的系统和服务，其他地区可能会从头又来一遍。

在内部公司制等以往的组织架构下，也发生过同样的事情。例如，大家通常认为轨道运行管理和产品制造一线完全没有共同点，但实际上，在铁路时刻表管理和产品制造生产计划中，可以使用同样的系统。但基于纵向分割的企业文化，信息共享不畅，重复开发相似系统的情况时有发生。

因此，我们决定暂时放下自律分散型全球经营的大旗，先着手开发共通的平台。把日立整体的技术、数据、经验及解决方案等资源集中在一个地方，创造一个谁都能活用的平台。

2015年4月，日立设立了"共生自律分散推进本部"，领导这个部门的是年轻的熊崎裕之先生，由他负责整体构想。当时我给出的指令是，将业务经验集中导入共通平台进行整合，总之要避免大家各自为政。

可以说，也正是由于当初发布自律分散型全球经营时的这点"失误"，才让我更加深刻地认识到共通平台的必要性。Lumada 也因此诞生。

日立展厅

还有一个想法在我接任社长之前就在酝酿了，那就是打造日立展厅。

在谈到内部公司制的时候我也说过，像日立这样的复合型公司，很难说清具体是做什么的。特别是，一般消费者能接触到的"日立"，大概就是冰箱、吸尘器等家用电器，或电梯这样的产品了。

虽然《此树是何树》这首日文广告歌，以及日本大阪通天阁上安装的日立巨型广告众所周知，但日立的事业跨度之广，除了业务相关人员几乎没人了解。

不仅是普通消费者不太清楚日立是做什么的公司，就算是日立的客户，即便很了解与自身工作相关的日立的产品与服务，对于日立其他事业部门的产品和服务，通常也还是一知半解。

日立员工其实也是这样，日立的各事业领域之间几乎没有人事调动。自己负责的事业领域之外的部门在开发什么样的产品和服务，能详细说出来的人并不多。

对此，我想到的就是展厅，一个能够一览日立服务和产品的展厅。然而，并不是那种摆满玻璃展示柜的展厅，而是在线虚拟展厅。

"做出了好的服务、产品，就会说'这个在我们公司也能活用呢''在我们国家也能卖出去'，如果能促生这样的联动，营业不就更顺畅了吗？"

这就是我的想法。

我当时就认为，随着数字技术的发展，今后的商业将不再有行业壁垒。也就是说，商业不再是按照IT部门、铁路领域、电力等产业来划分，而是根据客户要求，从展厅里拿出各种各样的产品和服务，结合在一起提供给客户，这样的形式才是最理想的。也可以说就像是一个共通的资源库。

比如，现在就有这样的案例：将优化复杂铁路时刻表所运用的日立技术与AI相结合，为发愁如何提升工厂效率的客户，提供了生产计划及人员配置的自动化制定的解决方案。

从德国归任返回日本时，我曾在日立执行役级别的集会上提出过有关展厅的构想。但是石沉大海了。在内部公司制——各社内公司相互竞争的体制下,这一提案没有通过也是自然。

各个社内公司都有各自的营业团队,大部分执行役估计都在想:"我们公司的好东西其他公司会用吗?给它们用了对我们有什么好处?""该不会仅仅是造福别人了吧?"

我指示熊崎先生构筑的"共通平台",就是由上述展厅的想法延伸而来的。总而言之,以"One Hitachi"发展社会创新事业所需的共通平台、实现自律分散型全球经营所需的共通平台、开展跨产业领域业务所需的展厅,为了一口气解决这些"需求",我们所开发出来的,正是当时还没有名字的 Lumada。

Lumada 诞生

2016 年 4 月,我们在 BU 制下设置了服务 & 平台 BU,由该 BU 接手之前交托熊崎先生的任务——构筑共通平台。服务 & 平台 BU 的 CEO 由曾是研究开发集团长的小岛启二先生(现任日立制作所执行役社长兼 CEO)担任。熊崎先生在该 BU 内担任信息平台统括本部长。一切布局妥当。

5月10日，我们在美国硅谷圣克拉拉会议中心正式对外发布，将共通平台命名为Lumada。

Lumada是由英文Illuminate（照亮）和Data（数据）组合而成的新词，意为"点亮数据之光，引出新的见解，为解决经营课题和促进事业发展做出贡献"。

当时的Lumada定位是"通过融合IT与OT，实现IoT相关解决方案的开发和轻松定制的IoT平台"。但实际上，当时导入的仅有大数据分析基础、处理显示功能以及AI部分功能。

"只是在卖没有实质内容的概念吗？"当时也被这样调侃过。但其实本来我们也没有打算要将Lumada作为一个产品来销售。日立的专注点始终是社会创新事业，解决客户和社会的课题。选在新任CEO上台不久这一时间点进行全球发布，旨在向全世界展示日立以Lumada为轴心在全球范围内开展社会创新事业的决心。

以日立各部门至今积累的IT和OT等技术为基础，加上运用这些技术与客户携手创造全新解决方案的"客户协创"方法论，以及通过协创打造的诸多解决方案和客户案例……现在，Lumada的定位已演化为包括上述所有内容在内的一个概念及事业。

　　Lumada 的运用方法多种多样，日立营业人员开展业务想必也更加便利了。只要在 Lumada 官方网站上搜索"事业领域"及"课题"，就能跨越 BU 之间的分隔，一览"过去曾有这样的项目""日立的这个技术或许可以用于解决某个课题"等信息，进而找到相关负责人，非常迅速地推进解决课题的相关提案，内容也能得以优化。从客户角度来看，无论和哪个 BU 的负责人对话，都能更广泛地利用整个日立集团的技术和经验。

完全改变热那亚的出行

　　这样说了半天估计还是不好理解，让我先介绍几个 Lumada 解决课题的案例。

　　首先，我们聊聊意大利热那亚市的智能出行项目。从 2022 年 5 月开始，热那亚开展了整个城市交通网和交通相关服务的"hands free"（解放双手）运行实验，包括公共交通和共享汽车等民营交通在内。

　　就像"hands free"的字面意思一样，人们无须在检票口刷 IC 卡，也不需要刷智能手机的二维码，只要早上启动"GoGoGe"这个应用程序，把手机放进口袋里就万事俱备了。无论是公共汽车还是共享汽车，或是摩托车都可以自由乘用。当天结束时，程序会统计消费金额一并结算。其方便程度，真是让人试过一次就不想再回到从前。同时，还可以搜索路线，确认拥挤状况等。

开展这项业务的契机是新冠疫情。热那亚一度封城，解封后随着人流恢复，市民们开始有意避开公共交通，更多地使用私家车，因此市内的交通主干道经常出现大堵塞，影响到了公共汽车和列车的准点运行。

"真是糟糕，能帮帮我们吗？"

基于热那亚市长的咨询，日立提供了智能出行解决方案。

在运行实验中，Lumada平台上积累的经验技术发挥了大作用。

日立为热那亚市提供了一系列解决方案，包括可以"hands free"乘车的智能售票（smart ticketing）、实时掌握交通堵塞状况并提示最佳交通方式的流程管理（flow management）、模拟人流的数字孪生技术（Digital Twin）等。

公共汽车（663辆）、公交车站（2500座）、地铁（年均客流1500万人次）、缆车（2台）、登山铁路（1条路线）、公共电梯（10台）、郊外公共汽车（2条路线，全长

50 公里）……运行实验期间，热那亚市内设置了数量庞大的蓝牙传感器。

同时，日立提供的该技术，不仅能提升出行便利性，还能减少人们对私家车的依赖，从而缓解交通拥堵，削减温室气体的排放。

当然，现在这项服务也作为 Lumada 解决方案之一位列日立阵容之中了。

将企业机密导入 Lumada

Lumada 的许多客户案例中也有以日立大瓮事业所（大瓮工厂现在的名称）为蓝本的。

当下，大瓮事业所主要提供用于电力、铁路、上下水道等社会基础设施的信息控制系统。操控软件需要连同被称为控制板的硬件进行组合开发，而硬件产品各不相同。大瓮事业所在多品种小批量生产方面具有优势，但在效率化方面也有局限性。虽然运用了 IT 技术，但是仅停留在生产计划、设计工序、制造工序等各个流程的效率化上。

为了打破界限，大瓮事业所建立起了谋求整体最佳的"高效率生产模型"。应用"循环系统"促进效率提升：利用 IoT 收集各工序信息，将工厂整体进行可视化处理，从收集到的信息中提取分析课题，再采取对策。由此，工厂生产的产品从接受订货到交货，所需时长缩短了 50%。大瓮事业所也在 2020 年入选世界经济论坛认定的世界先进工厂"Lighthouse"，这也是日本企业的工厂首次获得该称号。

故事便由此展开了。入选世界先进工厂的生产模型，一般都是作为企业机密为相关企业所独占。但日立没有这样做。我们决定把这个生产模型导入 Lumada，提供给其他公司。在入选 Lighthouse 时，这一决定也得到了较高评价。

在大瓮事业所，零部件和操作指示书上都附有 RFID（非接触）标签，安装在生产线上的 RFID 读取器会进行读取。当时，零部件上的标签约有 8 万张，设置的读取器约有 450 台。操作人员的所有作业步骤和物品的流动信息，全部细致地被收集，从而实现了对整个生产一线人和物的动态实时监测。

此外，通过共享工程管理系统和生产管理系统等现有系统积累的信息，因管理者决断而发生的生产性不均衡也将得到缓解，从而优化了生产计划。

在高效率生产模型中，会进一步进行课题的提取和分析。通过用摄像机对生产一线进行日常拍摄，可以针对出现问题的操作提取影像，根据影像分析原因，将结果反馈给一线，从而采取对策。通过"可视化""分析""对策"的循环系统，可以实现工期减半的高效率化。

Lumada 逐步拓展开来

日立重视的是与客户开展"协创"。在充满不确定性的时代，客户也在为提高市场竞争力而日夜烦恼。首先，想要确定课题到底在哪儿本就不易。其次，即使抓住了课题，恐怕也不一定能通过既有系统和服务来解决。对此，日立向客户提供的不仅是现有的解决方案，还可以将 Lumada 中集成的日立技术、案例、产品，同合作企业的技术、数据等相融合，与合作企业组团开发新的业务与服务。

通过与客户展开探讨确定课题，并围绕课题的解决，将 Lumada 与客户拥有的 OT、IT 技术及数据联结起来，再将各种想法具体化，就可以创造出全新的解决方案和业务。对此，日立将其称为"客户协创"，并将包括推进过程、步骤、探讨在内的方法论命名为"NEXPERIENCE"。

由客户协创促生的解决方案和经验技术也会在 Lumada 上不断积累。也就是说，通过客户协创的方式，Lumada 会不断得到成长。

我们再谈几个客户协创的案例。第一个是大赛璐（Daicel）的项目。

在大赛璐安全气囊产品的核心部件气体发生器（Inflator）的制造流程中，应用了使用日立技术的图像解析系统。该系统同时发挥了两家公司的技术经验，并通过共同展开试用实验，最终正式投入使用。

具体来说，该系统通过相机收集作业人员的手、肘、肩膀等关节位置的信息，再与标准动作模型的动态进行比较，判定异常动作。

通过及时将检测到的异常动作报告给管理者，将产品故障防患于未然。同样，对于设备和材料，也会分析其与基准图像之间的差异，检测并通报异常。该系统的导入，为进一步提高产品质量和作业效率起到了促进作用。

试用实验在大赛璐的日本播磨工厂展开，在正式商业化后，以播磨工厂的导入为开端，该系统也逐步在以中国为主的全球各地工厂内导入。

在大赛璐的授权下，该图像解析系统作为 Lumada 解决方案之一被提供给了日立的广大客户,后续发展出乎所有人意料。就比如下述与大金工业的协创项目。

众所周知,大金是空调设备行业的领先企业,以先进技术闻名。而支撑大金技术根基的,正是机械化无法替代的工匠技能。

空调设备内部冷媒铜管密布。由于铜管易发生烧熔,在焊接时必须使用熔点低于铜的合金钎料,这种工艺被称为"钎焊"。其完成度会对产品质量产生影响。

"钎焊"并不是简单就能学会的技术,精通该技术的老师傅仅有数名,只能通过他们往返全球工厂开展技术培训。总之,这是一种"技能传承较低效"的状态。

以大赛璐和日立开发的图像解析系统为基础,大金和日立开发了"钎焊技能训练支援系统",可从人、设备、材料、(作业)方法4个维度进行定量评价,以判别熟练工和新手的技能差异。

该系统通过相机拍摄钎焊工人的手部动作、焊炬(加热工具)角度、钎料及部件持有角度等,并按时间排序,再进行数字化,最终以电脑画面对受训者的作业状态进行比较,从而实现快速高效的技能传承。

实际上,与大金的协创始于大赛璐的介绍。Lumada

的理想原本就是，将日立与合作企业、各合作企业之间的技术都联系起来，创造新的技术和解决方案。就像大赛璐和大金这样，以一个协创为契机促生新的协创，从而实现业务的拓展，这正是 Lumada 有意思的地方。

到目前为止，我们谈到的热那亚市、大赛璐、大金的案例，皆代表了"我们可以和日立合作开展某种业务"的事例。自 2016 年 5 月以来，Lumada 积累的客户案例已超过 1000 件，横跨制造、电气、燃气、水供给、金融、保险、运输、批发零售、公共服务、教育、信息通信、房地产、建筑、医疗福利、服务业、农林水产、矿业等多个行业领域，课题目标涵盖了市场营销、提升生产效率、提高品质、支援制造一线、设备管理、商品管理等。在 Lumada 官方网站上，任何人都可以按照行业和课题目标浏览 Lumada 积累的相关解决方案。

双赢的商务模式

通过 Lumada，我们可以更加迅速地为客户提供服务。

例如，在日立擅长的银行系统和工厂管理系统方面，系统的设计、构筑、导入统称为 SI（System Integration，系统集成）业务，以往的 SI 业务推进，需要在详细听取客户要求后，再展开系统地设计和构筑，这种完全定制化的形式的交货速度极其受限。

但利用集成了各种解决方案的 Lumada，就只需要从集成的大袋子里提取比较接近客户要求的系统，再按照要求进行定制即可。无须再从零开始设计和构建系统，从接单至交货的作业时间大幅缩减。

再加上技术及解决方案的组合提案均源于日立集团自身，我们对提案本身也更有信心。

此外，与完全定制化的方式相比，组合提案还能更有效地控制开发费用，自然也就能向客户提供更低的报价。

当然，为了将与客户协创的解决方案作为 Lumada 案例横向展开，包括客户合同在内都需要仔细斟酌。在以往的做法中，系统的知识产权（IP）都是归属于客户的。而在 Lumada 业务中，构筑的系统交付客户，IP 则由日立持有，该项目也会成为 Lumada 代表案例。

不过，作为客户的竞争力之源，数据始终归属于客户，日立横向展开的只是"结构"部分。通过协创，客户可以明确课题并解决它，日立则可以反复活用集成化的解决方案，资产周转率也会提高。这确实是一种双赢的商业模式。

日立 Lumada 的核心部门是服务 & 平台 BU，同时其他 BU 和集团公司也都配置了负责 Lumada 事业的首席业务官（chief Lumada business officer），致力于在各领域扩大 Lumada 事业。每年我们都会召开数次会议，探讨交流，以加深横向合作。

一开始 Lumada 并没有什么知名度，为了让合作企业和日立员工都能加深认知，在公司内外的聚会上，我们时常会在干杯时说一句"Let's Lumada！"。同时，2017 年公司内还设立了 Lumada 奖，表彰依托 Lumada 开创的新业务。

在启动 Lumada 事业 5 年后的 2020 财年，Lumada 事业整体的销售额达到约 1 兆 1100 亿日元，2022 财年更是达到近 2 兆日元，约占日立集团整体销售额的 20%。2024 财年的目标是 2 兆 7000 亿日元，约占日立集团整体销售额（预期 10 兆日元）的 30%。

遗憾的是，将社会创新事业交托给我的中西先生已于 2021 年驾鹤西去。没法再亲自向他汇报了。如果先生泉下有知，对于占日立集团整体销售额 30% 这一成绩，想必也会称赞一句"做得不错"吧。

第4章

日立的 DNA

明治时代的创业型企业

日立将"通过优秀的自主技术及产品开发贡献社会"作为企业理念。这也是日立自创业之初不断传承的 DNA。1910 年,日立在日本茨城县日立市创立。彼时正是日本重工业兴起时期,也是电力开始迅速普及的时代。

创业者小平浪平是出身于东京帝国大学(现东京大学)工科部电气工学系的工程师,于 1905 年进入东京电灯公司,参与了发电站的建设。东京电灯公司是日本第一家电力公司。随后,应"矿山王"久原房之助之邀,小平先生于 1906 年加入日立矿山,担任工作课长。

当时日本所使用的电气机械大部分是进口货,或是根据外国公司的图纸制造的。"要自主研制电气机械。否则日本的产业无法实现真正的发展",小平先生胸中怀揣着这样强烈的使命感,开始投入马达的自主研发。

1910年，小平先生与和他志同道合的几位伙伴首次成功制造出5马力马达。同年从小修理厂迁出，发展成为拥有事务所和工厂的工作间。因此1910年也被视为日立的创业之年。此后，在1920年小平先生从日立矿山独立出来，成立了日立制作所。现在，作为日立创业基石的5马力马达被安置在"Hitachi Origin Park（日立起源博物馆）"（位于日本茨城县日立市大瓮町，之后会有详细介绍）中展出。2023年，还作为"现存最古老的日本国产马达"被认定为日本重要文化遗产。

研发马达时，小平先生36岁。同伴们都是刚从大学或专科学校毕业的年轻人。日立是由一群胸怀大志的年轻工程师创立的，也就是现在所说的创业型企业。

5马力马达是主要用于铜矿挖掘的机械。以此为开端，小平先生又自主研制了水力发电用马达，用于为矿山供电；还研制了电力机车等，用于搬运矿石和材料。

日立企业理念的源头正是小平先生这群年轻工程师"用自主技术自主制造"的热情。至今，作为创业先辈所打造的产品和技术的延伸，能源及铁路依然是日立的核心事业。

日立矿山发电站的技术人员

IT·OT·产品的基础

今天的日立是一个企业集团,广泛开展着多方面的业务,主要领域包括电力、能源、铁路、产业机器、家电、信息通信等。创业以来,日立大力投入研究开发,并通过企业并购弥补自身不足,当下的规模可以说是在多领域持续拼搏的结果。

在电力事业领域,日立于创业后的20世纪10年代便开始围绕日立矿山水电站建设,展开了变压器相关研发工作。在火力发电领域,日立于20世纪30年代制造了蒸汽涡轮机,全球诸多火力发电站都配置了日立的蒸汽涡轮机和发电机。

20世纪50年代，日立启动核电相关研发，并向日本原子能研究所交付了反应堆。之后又向中国（指日本中国地区）电力、东京电力、北陆电力等交付了反应堆。以今天的输配电系统和广域机关系统为主，日立在日本的电力供给中发挥着重要的作用。

在铁路领域，日立自创业后不久便开始制造电力机车，20世纪20年代制造蒸汽机车，20世纪30年代制造柴油机车。此外，日立于20世纪60年代研发制造了新干线和单轨电车车辆，20世纪70年代参与了磁悬浮列车车辆的研发。进入21世纪后，开始向英国交付高铁车辆。

日立的民用家电事业起步于20世纪10年代电风扇试制品的研发，20世纪20年代成功量产化。20世纪30年代开始研发电冰箱，20世纪50年代开始制造电动洗衣机、空调、电动吸尘器等。

在信息通信领域，日立于20世纪30年代研制了电话自动交换机。20世纪50年代着手研发计算机，20世纪60年代以后，则持续投入研发大型计算机。

同时，日立还参与了应用计算机技术的各种在线系统，以及工厂、发电站、交通系统等自动化基础技术的控制系统相关开发。从20世纪50年代后半段开始，日立参与了国铁（日本国有铁道）座位预约系统研发，20世纪60年代后半段研发并交付了银行在线系统。此外，日立还于20世纪70年代研发了新干线的运行管理系统（COMTRAC），20世纪80年代研发了核电站中央监视控制系统，20世纪90年代研发了上下水道监视控制系统，与JR东日本公司共同研发了东京圈运输管理系统（ATOS）。正是这样的技术经验积累，发展成了今天的Lumada事业。

一旦聊起来就没有尽头了……日立还在产业机器领域研制了起重机、泵、冷冻库、产业用机器人等产品。1968年，日本经济高速成长期的象征之一——日本第一座超高层建筑霞关大厦竣工，其中安装的高层楼宇用电梯也是日立制造的。

成为世界的日立

关于日立在全球的发展史，这里也简单介绍一下。

1926年，向美国出口30台电风扇，这是日立产品的首批出口。1929年，向英属马来亚（British Malaya）的龙运矿山出口蒸汽机车。次年向苏联出口电动机和变压器，这也是日立不经由商社直接出口的首个项目。

创业者小平先生最初的理想就是直接销售自主设计制造的产品。他在筹备创业之初就曾说过："日立的竞争对手是美国的通用电气（GE）和西屋电气，这些领先的电机制造商在出口上都不依赖商社。"日立在全球的发展也秉承了小平先生的"直销精神"。

1935年日立在印度孟买设立了日本以外的第一个办事处。随后，1937年在中国的上海和天津，1939年在巴西里约热内卢分别设立了出差人员接待所。20世纪40年代，向巴西马卡布发电站出口一整套机械设备，该项目的土木工程由竹中工务店负责，导水路由川崎重工业负责，也就是今天所说的"总包"项目，这也是日本首次出口重型电力设备。

这个时期，日立的出口产品扩大到发电机、排水泵、起重机等，出口市场也扩大到菲律宾、中国、印度、荷兰、加拿大、墨西哥等地。

此后，由于战时管制，1943年出口业务被迫中断，同年撤销了出口部。1946年，以向中国出口货车等业务为开端，出口业务迅速恢复。1947年向苏联出口电力机车，向印度出口纺织机电机等。1948年向印度出口电话机，向韩国出口变压器等。

1952年设立了台北联络站。1954年在印度、巴西、阿根廷，1956年在纽约分别设立外派人员办事处，之后进一步扩展到东南亚的曼谷、中美洲的墨西哥城、南美洲的加拉加斯、非洲的开罗、欧洲的苏黎世等地。1959年成立了第一家日本以外地区集团公司——日立纽约。

1969年在中国台湾地区设立面向美国市场的电视、音响产品组装工厂"台湾日立电视工业"，并以此为开端，20世纪70年代在泰国、新加坡、马来西亚等东南亚国家设立了面向日本以外地区家电产品和半导体产品的生产基地，之后在美国、欧洲等地也设立了生产网点。

如上所述，日立逐渐构筑起全球化发展的基础。1980年，日立在美国《财富》杂志世界电机制造商排名中位列第5。1982～2012年，在美国纽约证券交易所上市。就这样，日立一步步迈进着全球化的步伐。1995财年末，日立的海外销售额首次超过2兆日元，日本以外地区集团公司达到253家，员工超过5万人。

百日计划

正如前文多次提到的，日立在2008财年财报中曝出了7873亿日元的赤字。虽然日立在日本关东大地震和全球第二次世界大战期间也曾经历过危机，但本次大赤字带来的危机仍然是前所未有的。

当时外界讽刺日立为"沉没的巨舰"，很多员工都被说得麻木了，无奈的情绪在公司内到处蔓延。

那时候，重建经营，使业绩实现V字复苏的正是川村隆先生和中西宏明先生。

2009年4月就任会长兼社长的川村先生制定了"百日计划"，坚决实行了事业结构改革和财务改革。此举旨在通过事业的选择和集中，通过公开募集资金改善财务体制，改革各事业过度依存的体制，并向公司内外展现开展新事业的决心。

所谓事业结构改革，就是对巨大舰队的各事业进行验证梳理，把力量集中在有希望的事业上，撤出没有前景的事业。川村先生最初坚决实行的是将日立信息系统（现在的日立系统）等5家上市子公司全资子公司化。这是一项一举两得的改革，将拥有基础技术OT和IT技术的集团公司完全子公司化，加强一体化运营，从而便可以全力发展被定为新事业的社会创新事业。此外，在废除各公司的重复事业，改善低效率的同时，还可以通过百分百获取子公司利润改善财务体制。

川村先生在就任社长的第 119 天，公布了对 5 家上市子公司实施 TOB（公开收购股票）的计划，将日立信息系统、日立软件工程、日立系统服务、日立设备技术、日立麦克赛尔这 5 家公司完全子公司化。相关费用合计约为 2600 亿日元。

随后进行的是对赤字业务的整顿，包括从持续赤字的电视机生产行业退出等。1956 年，日本开通电视广播信号后的第 3 年，日立开始销售自己生产的电视机。虽然起点有些落后，但日立于 1969 年研发出全晶体管彩色电视机，在 20 世纪 70 年代备受市场青睐，被亲切地称为 "kidokara"（更高亮度的彩色电视机）。进入 21 世纪后，日立又研发了超薄等离子电视 "Wooo"，电视机事业连接了日立和普通消费者。

然而，随着竞争日益激烈，日立的电视机业务陷入亏损，到 2008 财年赤字规模甚至达到了数百亿日元，业绩下降，给日立的整体经营带来了很大压力。

图 4-1 为日立 40 年间的业绩变化。

第 4 章 日立的 DNA 113

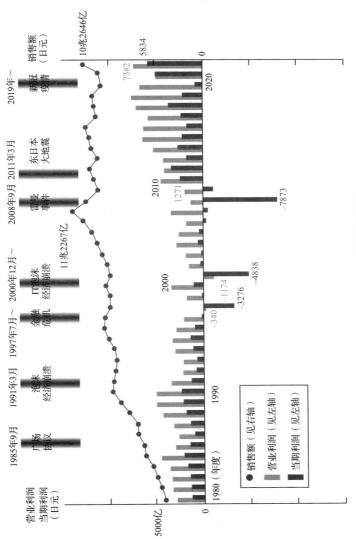

图 4-1 日立 40 年间的业绩变化

与三菱重工的火力发电系统事业合并

川村先生等经营高层在百日计划中提出要撤出电视机生产行业,但这并不是轻轻松松就能完成的任务。当时日立在全球有多个生产基地,有正在工作的员工,与当地经济也有很深的关联。最终,中国、墨西哥和捷克等地的工厂,部分关闭,部分变更了产品生产品类。基于清晰的合同条款,撤出工作推进得还算相对顺利。

困难的是日本业务的整顿。考虑到以长期雇佣为前提的员工人事关系,以及对当地的经济影响等,日本工厂没法马上关闭。

在川村先生等经营高层持续的交涉之下,撤出工作得以逐步展开。最终,位于宫崎县国富町的等离子面板工厂转为了太阳能电池制造厂,位于千叶县茂原市的液晶面板工厂出售给了松下,位于岐阜县美浓加茂市的组装工厂转为了模具制造工厂。2012年8月,在决定撤出电视机生产事业后的第3年,才终于正式结束了生产。

退出电视机生产事业,是事业结构改革"选择和集中"最具象征性且最大的措施,此外还进行了液晶面板事业的转让、手机事业的重组等低收益事业的彻底整顿。

同时，在中西先生担任社长期间，日立还进行了与三菱重工的火力发电系统事业合并。我觉得这是 V 字复苏后一个非常重大的抉择。2012 年 11 月双方宣布合作意向，三菱重工出资 65%，日立出资 35%。2014 年 2 月，新合资公司三菱日立电力系统（MHPS）正式成立。

火力发电系统作为日立的核心事业，是长期支撑日立发展的事业之一。川村先生在日立的职业生涯，也是起步于火力发电系统的技术人员。我想，这一合并在当时应该是相当痛苦的决断。

然而，彼时全球火力发电需求不断增长，竞争日益激烈。在巨大的环境变化中，为了具备足以立足全球市场的实力，擅长大型燃气轮机生产的三菱重工，与擅长中小型涡轮机生产的日立进行合并，集双方的优势于一体强化国际竞争力，才是最好的经营判断。

让"财务的日立"重出江湖

公司管理及财务改革的主线，是通过引入内部公司制和公开募集增资，提升自身资本（股东资本）比率。关于内部公司制，正如前文所述，川村先生的目标是要改革各事业过度依存的体制。通过组织重组,使公司内的竞争机制发挥作用。之后我将在第 8 章详细介绍自律分散型全球经营,这当然也是以此为目标的。

对于川村先生来说,最大且最紧迫的课题是重建财务基础。不仅是 2008 财年的 7873 亿日元大赤字,在川村先生接任社长前的十年间,日立还出现过两次巨额赤字,1998 财年 3276 亿日元,2001 财年 4838 亿日元。三次巨额赤字的总和,超过 10 年持续低收益的总和,虽然在业界有着"财务的日立"这个称号,但其实日立曾经坚固的财务基础早已被削弱了。

日立积累的自有资本被巨额赤字所吞噬,2009 年 3 月股东资本比率一度下降至 11.2%。如果掉到个位数就会引发企业存续危险,可以说已经到了紧要关头。穆迪等海外评级公司纷纷下调对日立的评级,2009 年 5～6 月,日立公司长期债券的评级,穆迪从 A2 降至 A3,标准普尔从 A- 降至 BBB+,日本评级投资信息中心从 AA- 降至 A+。评级下降意味着社会信誉的流失。

要消除 7873 亿日元的赤字非常困难。算下来,日平均赤字就高达 21 亿日元,即每小时就有近 1 亿日元流失。为了在改善财务体制的同时,打开局面进行战略性投资，只能公开募集增资，提升自身资本比率。川村先生在 2009 年 11 月公布增资计划，日立的股价马上就出现下跌。之后经营层苦心运作，反复与全球投资者展开对话，最终成功筹措到了约 3500 亿日元资金，才得以跨过危机。

在这样的改革下，2009 财年当期利润赤字缩减到 1069 亿日元，紧接着从 2010 财年开始，连续 2 年均实现了历史最高当期利润（2010 财年 2388 亿日元、2011 财年 3471 亿日元），以 V 字复苏获得盛赞。

川村先生并不太在意外界舆论。如果他介意这些，应该会把 7873 亿日元的亏损分 2 个财年来消除吧。"短时间内一口气解决掉"——其志可谓坚毅。

中西先生的高瞻远瞩

在川村先生之后，中西先生接过社长之职，为了推进成长路线，将社会创新事业定为了日立集团的支柱事业，加速从产品和软件等单独销售转向运用数字技术的解决方案事业，推进全球化发展。

如第 3 章详述，中西先生提出了要全面推进"协创"的方针，旨在运用尖端数字技术，与客户及合作伙伴一起创造全新解决方案、全新业务等新价值。中西先生构建了"服务交付型业务"的商务模式，提供包括硬件、维保及金融服务在内的综合解决方案。

此外，2012 年中西先生毫不犹豫地出售了自己重建经营并实现盈利的硬盘装置业务，在 2015 年展开了空调业务的合并事业化、铁路系统业务的并购，以及与瑞士企业 ABB 在高压直流输电系统事业上展开合作等。高瞻远瞩地进一步推进了日立向社会创新事业的转型，以及事业结构的转换。

通过这样的改革，中西先生成功将就任社长时 2.3% 的营业利润率，在 2015 财年卸任 CEO 时提升到了 6.3%。

卸任 CEO 后，中西先生在日本政府和行业团体中历任要职。从 2018 年开始在日本经济团体联合会担任会长，作为日本经济界领导人继续发光发热，日立也得到了来自更高视角的指导。

为实现以人为本、兼顾经济发展和解决社会课题的"Society 5.0"（社会 5.0），中西先生不仅在日本，还通过参与全球政治、经济、学术、社会等领域精英云集的世界经济论坛等活动，积极向全世界持续传达这一思想。

"Society 5.0"的定义为"通过高度融合网络空间（虚拟空间）和物理空间（现实空间）的系统（网络物理系统），

兼顾经济发展和解决社会课题，实现以人为本的社会"。Lumada 正是这样的网络物理系统，从"物"当中提取"数据"，在网络空间进行处理，再根据结果在现实空间进行控制和处理。我相信，日立所推进的社会创新，其未来就是实现了"Society 5.0"的社会。

若没有川村先生和中西先生两位先生的明智判断和努力，濒死状态的日立不会得以重生。仅用 3 年时间就让公司起死回生的能力实在让人佩服。

2021 中期经营计划：通过客户协创创造社会价值

如前一章所述，我在两位先生之后接任了社长，展开了 BU 制改革，以及强化这一制度的 BU 集团化，推进了 Lumada 启动等。2018 财年（2018 年 4 月 1 日至 2019 年 3 月 31 日）的财报出来，我们成功达成了 2018 中期经营计划的最大目标——营业利润率 8%。随后，2019 年 5 月，我们又公布了 2021 中期经营计划（简称 21 中计）。

21 中计提出了以下内容，"以推进社会创新事业成为全球引领者为目标""努力实现重视社会价值、环境价值、经济价值三大价值的经营""积极投资重点领域"等，并定下了到 2021 财年营业利润率要达到 10% 的目标。

在制定 18 中计时，是以内定的 BU CEO 为智囊团，秘密地自上而下制定计划。而制定 21 中计时，改为了自下而上的方式，在公司内广泛听取意见。这也是为了更敏锐地把握社会和世界的需求变化。

作为 18 中计的沿袭和发展，我们在 21 中计定下了"以推进社会创新事业成为全球引领者为目标"，同时还加入了要在经营中更关注三大价值——"社会价值""环境价值""经济价值"。

18 中计是为了重生为成长型企业，因此更关注经济价值，专注于低收益事业的整顿和撤出。最后我们顺利建立起了能够维持一定的营业利润率的经营体制。所以，我想我们要再回到日立的原点——社会贡献，这也是日立本来存在的意义。要通过以 Lumada 为核心的客户协创，关注更具有社会价值和环境价值的事业。

过去，只要能做出好产品就能卖得出去，是以产品为出发点。随着时代发展，理解客户需求并解决课题成为商务主流，也就是以市场和客户为出发点。这在未来的社会也是非常重要的。同时，在此之上，为实现可持续发展社会做贡献，削减温室气体排放、削减塑料垃圾，助力解决社会和环境问题的事业均会被寄予厚望。2020年，新冠疫情席卷全球，社会课题趋于复杂化。

面对客户的课题，因为能够清楚地看到客户，自然也就能够明确需要做的事情。然而，为了解决社会和环境的课题，创造新价值，仅靠与客户协创以及制造商之间的合作是不够的，必须让市民和NPO（非营利组织）都参与进来。需要的是以社会为起点、以价值为起点的思考方式。

要解决这些问题，自上而下的形式的能量是有限的。即使指示"从今天开始，要启动有社会价值和环境价值的事业"，如果员工没有自主意识，也完全不知道该做什么。

对此，我们需要的是自下而上的方式。每个员工都要提高对社会课题的关注，对"减少社会活动相关垃圾""减少食物浪费"等抱有自主意识。将社会课题视为自己的问题，去思考自己能做什么，并将其与业务联系起来。这就是自下而上的意思。

利他之心

如果员工的想法能够改变，那么相比自上而下，自下而上才会让日立更加壮大。为了开展意识改革，改善企

业风气,我们在研修及工厂访问期间,都会召开员工沟通会,持续传达以下思想:

"今后开展工作时公司必须要以各位员工为主体。"

在面向员工的讲话中,也一定会包含"利他之心"的相关内容,也就是要经常意识到自己和社会的关联,体察外界需求之心。

在同客户开展协创时,与客户共享课题是非常重要的。如果一心只想着销售日立的产品,那就做不到好好面对客户的课题。

"首先,要把自己的头脑放空,倾听客户的需求,去思考课题到底在哪里。想要抓住客户的课题,培养共感力是非常重要的。我们应当更加珍视日立的创立者之一马场粂夫博士留给我们的'空己唯尽孚诚'这句话。尽己所能,若得客户感谢,则将喜悦之情作为自我成长的引擎。"

这就是我对员工所讲的。

对我个人来说,最初让我意识到自己与社会相关联的是铁路事业,之后会再为大家详细介绍。在我推进JR中央线各站导入铁路运行管理系统"东京圈运输管理系统"(ATOS)这一项目时,虽然也遇到了很多难题,但我经常这样告诉自己"在电脑控制下电车运行将变得更高效""发生事故时也能迅速恢复，乘客们会感到更加便利。这就是对社会的重要贡献"。

"这样说会被表扬吧""这么做会获得更多关注吧"，只要是人难免都会这样想。然而，如果只考虑自己的得失，执着于自我的话，就难以对社会做出贡献。相反，如果能舍弃自我为社会做出贡献，自然会获得客户的称赞，"感谢你的出色工作，能和日立合作真是太棒了"，于是便会更加努力。这样的良性循环是培育人与业务的关键。

我说利他很重要，恰恰是因为我并不是一个完全的利他主义者，也不是什么圣人君子。正因如此，我们更需要经常确认自己有没有做到利他。在做决定时，经常自问"是否太过自我考量了"，去思考：这是不是太过自我的决定？对日立有何好处？对社会又有何好处？诸如此类。

拥有共感力

21中计提出了重视价值的经营方针，在考虑什么是价值时，理解客户的想法至关重要。为此，"共感力"就很重要。和利他之心一样，只要有机会我就会同员工们谈论这一点。

前文也有提到，日立110年的历史起源于工厂文化。只要能做出好产品就一定能卖出去，这种信念正是工厂文化的体现。

对于工厂来说，越加班加点产量越高，畅销产品的生产部门总是在加班。在这种模式下，经济价值（剩余价值）的产出源于成本的降低。因此，在工厂文化中成长起来的日立员工，在讨论价值时，就总是只考虑降低成本。

然而，在通过客户协创开创事业时，必须要先理解对客户来说剩余价值到底在哪里，客户又想要怎样的剩余价值，去抓住这一点。

"与其在办公室加班，不如去参加不同行业的交流会，学习客户行业领域知识，从客户角度出发找到价值，这才更有意义。"

我在公司内反复讲这类话，以此培养大家的共感力。

Lumada和客户协创不仅局限于日本，在考虑日本以外地区合作企业的价值时，不能拘泥于日本的价值观。

在日本，电车和公共汽车按照时刻表运行是非常重要的，但在欧美也有诸如这样的想法："无需那么严谨，只要能知道下一班电车什么时候到就好了。"美国和欧洲也有不同的价值观，中国和其他亚洲各国也有着和日本完全不同的想法。即使认为日本式想法有价值，如果对方不承认那个价值也没有意义。因此，对当地进行深入了解是非常重要的。这也是一种共感力。

对多样性的尊重也在当下的日本逐渐普及，但进展还很有限，核心还是女性权利和雇佣问题。当然，与欧美或其他地区相比，日本女性的雇佣环境比较严苛，这也是一个不得已的方面。

多样性有着更大的意义。在日立，多样性被视为创新的源泉，也是成长的引擎。虽然在世界上，人们的宗教、文化、国籍等各不相同，但如果大家能够互相尊重，承认各自的"不同"，所有人就能最大限度地施展能力，产生更好的想法，激发创新。为此，我一直对员工们强调 DEI⊖是不可或缺的。特别是在全球开展事业时，在客户及员工的价值观存在差异的前提下，相互理解就愈加重要了。

开放性平台

2019 年公布 21 中计时，我们向投资者说明了社会价值和环境价值，但很难得到认同。

⊖ D 代表 Diversity（多样性），E 代表 Equity（公正性），I 代表 Inclusion（包容性）。

"利润能有多少呢？"

投资者只是揪着这一点使劲发问。但是过了两年左右，情况突然发生了变化。2019年8月，美国经济组织召开商业圆桌会议，发表声明称，将致力于保护所有利益相关者的利益，不只是股东，也包括客户、员工和地域社会。再加上全球变暖和新冠疫情的较大影响，投资者的价值标准也从一边倒的"经济价值"，转向了"社会价值""环境价值"。股东资本主义向利益相关者资本主义发生了转换。

例如，在世界范围内以欧洲为中心，碳中和已被视为企业的社会责任。在2021年美国主办的气候峰会上，日本提出的目标是到2030财年为止，将二氧化碳排放量削减46%（与2013财年相比）。日立也提出了到2030财年在自身工厂及办公室实现碳中和，到2050财年在全产业链实现碳中和的目标。然而，日立单打独斗毕竟能力有限，社会问题要通过更多的企业协作解决才能更有效且更迅速。

不只是日立同合作企业要展开协创，合作企业之间也要通过Lumada扩大协创的圈子。为此，2020年11月日立"Lumada联盟计划"启动，Lumada的部分功能将成为一个更加开放的平台。

"Lumada 联盟计划"旨在"通过相互运用技术、经验和创意,从数据中创造新价值,为人们生活质量的提高和社会经济的持续发展做出贡献。形成价值循环,实现共同成长"。我们希望能够携手认同这一愿景的合作伙伴,广泛构筑以 Lumada 为基础的生态系统,加速开放创新。

作为日立与合作企业开展协创的窗口,2021 年 4 月,我们在与 JR 东京站直通的 Sapia Tower(智慧之塔)17 层开设了"Lumada Innovation Hub Tokyo"(东京 Lumada 创新中心)。

环境问题等重大社会课题不是仅靠企业就能解决的,需要全社会共同努力。我想今后也有必要构筑一个横跨政府、企业与学术机构的,与 NPO、消费者团体、创新市民共同来解决课题的生态系统。

领域制的导入

关于 21 中计,还有一点需要说明,那就是领域制的导入。此前,我们根据重点事业领域,将 BU 进行了集团化分组:电力·能源、产业·流通·水、城市、金融·公共·医疗健康。基于21中计，我们又对以上集团化分组的BU进行了重新划分，整合为IT、能源、产业、移动、智能生活五大领域。

IT、能源、产业领域分别由盐冢启一先生、西野寿一先生、青木优和先生负责，移动领域交由新上任的副社长阿利斯泰尔·多默（Alistair Dormer）先生负责，智能生活领域则由之前负责城市相关业务的小岛启二先生接手。

在铁路系统事业方面，多默先生展现了他的才干，以日本铁路技术为基础扩大了日立在欧洲地区的业务。现在，英国铁路上行驶的列车当中就有日立出品的车辆。在就任副社长之前，多默先生在上述事业领域做出了巨大贡献。他主导收购的意大利铁路公司 AnsaldoBreda S.p.A. 及 Ansaldo Signalling and Transportation Systems 在日立欧洲铁路系统业务中发挥了核心作用。同时，多默先生还于 2023 年主导了法国泰雷兹集团铁路信号业务收购项目。在该领域，日立的目标一直是争当世界第一。

在业务整顿方面，由小岛启二先生执棒，以将业务重心从产品提供型转换至服务提供型为方针，推进了一系列事业重组，包括：汽车零部件事业与本田系公司合并，向富士胶片转让医疗器械事业，将上市子公司日立高新收回日立制作所等。

负责 IT 领域的盐冢先生则主导了美国 IT 企业 GlobalLogic 的收购项目，该公司拥有超过 2.8 万名 IT 技术人员，且正处于发展上升期。2021 年，这项金额高达 1 兆日元左右的超大型收购项目成功收尾，为日立今后在 IT 领域的发展以及实现 IT 事业高收益化夯实了基础。

新冠疫情下达成 7.2%

2021 财年，日立全球销售额达到 10 兆 2646 亿日元，营业利润为 7382 亿日元，营业利润率达到 7.2%。很遗憾，没能实现 21 中计设定的 10% 的营业利润率目标。不得不说，新冠疫情影响很大。全球各网点及各领域业务均受到波及，因城市封控等原因各地工厂还一度陷入出货停滞。

在疫情影响下营业利润率依然能够达到 7.2%，我觉得还是值得自豪的。日立当下的企业体制，已经可以支撑公司即使遭遇疫情，也不会陷入亏损，还能获得超过 7000 亿日元的利润。我想对这一点，日立的员工们可以颇为自豪。

实际上，当时最担心的还是现金流。如果因为疫情导致工作全部停摆，自然也就没有销售额，但是工资和其他款项支付没法停下来。

"如果这样的状况持续下去，日立能维持几年呢？"

彼时我非常焦虑。包括银行信贷额度在内，如果我们能够持有1.3兆日元现金，那么应该能支撑一年半左右。因此，我们决定先确保这1.3兆日元。然后，在模拟剩余现金流时，发现3个月后还是可以实现正向现金流的，大家这才稍微松了口气。

如前文所述，21中计的关注重点在于对重点领域的积极投资，即收购能够和日立在数字领域发挥协同效应的优良企业。在疫情当中，2020年我们以约1兆日元的价格收购了瑞士ABB的电网事业，2021年以约1兆日元的价格收购了美国GlobalLogic。

收购资金当中也包括出售其他业务所获得的资金，与其说是新的投资，不如说是投资组合（资产构成）的改变。上述两家公司对于日立拓展社会创新事业、实现自律分散型全球经营必不可少，之所以能够按照既定计划完成收购，我想正是因为日立已经构筑起了即使遭遇疫情也不会被撼动的强大企业体制。

第 5 章

大瓮工厂和我

三选一：进入日立

我觉得自己能够进入日立是一种缘分。当初，我并没有想过非日立不可。坦率地说，当时我觉得只要能发挥自己的专业性，哪里都可以。

我出生在日本德岛，毕业于当地的德岛大学工学部。在我那一届之前，能进入企业工作的毕业生还是很多的，工学部的学生还能从教授那里获得多家知名企业的面试推荐。但是1977年我上大学四年级时，正值1973年爆发的第一次石油危机影响还没有完全消退的时代。由于经济不景气，企业的招聘规模也缩小了。

日立也一样，和我同期进入公司的技术岗和事务岗员工共计约500人，听起来可能不少了，但要知道1970年前后的录用人数均超过1000人，相比之下已经少了很多。我进入公司的前一年更加严格，当时被录用的只有大约130人。

负责学生就业工作的教授对我说：

"可以推荐你去日立、东芝或三菱电机，选一家去面试吧。"

另一位从日立研究所转职到大学任教的教授则建议：

"以你的性格，能让你定下心来去干的可能还是日立吧。"

当时，日立的公司风格也被称为野武士，对于作为学生的我来说，这3家公司看起来做的事情都差不多，搞不太清楚其中的区别。硬要说的话，日立当时在全球有着各种业务，反正都要选一个，还是有海外工作机会的公司更好吧——怀着这样的心情我选择了日立。

1977年，我进入日立制作所，被分配到日立市的大瓮工厂，开始正式成为一名职场人。大瓮工厂是在计算机发展黎明期，由日立工厂和国分工厂的控制部门统合而来的，是1969年刚刚成立的新工厂。彼时，大瓮工厂正在开发制铁相关计算机控制系统、汽车工厂生产线控制系统以及新干线运行管理系统等。

新员工入职培训结束时，我就觉得：

"控制系统好像还挺有意思的。"

于是便提出了希望被分配到大瓮工厂的申请。

仅有一次的人生

当时，大甕工厂中充满着创造独特文化的活力。那时候接受的厂长训示也成为我日后工作的支柱。伊泽省二先生是一位非常杰出的工厂负责人。

"如果不能让独一无二的自己，不能让仅有一次的人生，好好地走下去，那来到这个世界上还有什么意义呢？"

他用山本有三《路旁之石》中的这句话作为训示。

意思就是，一名企业战士的人生大半时间都在工作，那么就应该在工作中让自己成长，寻找人生价值。

"将工作视为人生价值，在工作中获得成长"，直到现在这依然是我对工作的基本认知。为了获得成长，我暗下决心要以"万事皆尝试的精神"，以兴趣满满的心态面对各种工作和机会，迎接挑战。

大甕工厂的入口树立着一块"GO 纲领"石碑。由日立工厂和国分工厂统合而来的大甕工厂，据说在创立之初由于文化碰撞，有过一段艰难时期。听说"GO 纲领"就是为了寻求工厂上下团结一心而制定的员工思想纲领。

"GO"是 Greater Omika（更好的大甕）的缩写。石碑上刻着这样一段文字。

GO 纲领

我们要立志成为更好的社会成员。

肩负推动社会发展重任的大瓮工厂人,应充满自豪,担起责任。

团结一致完成使命,实现人生价值。

不断前行。

1　向更高端的技术发起挑战

2　尽职尽责不负重托

3　换位思考再采取行动

4　打造充满新鲜感和活力的职场

5　要自律且心怀感恩

老实说,对于第三条"换位思考再采取行动",初入公司之时我完全没有什么触动,可能是因为当时还太过年轻吧。

"GO 纲领"石碑

导师中西先生

在刚刚被分配到大瓮工厂的半年时间里,我的岗位是总务部勤劳课,在各种不同的一线实习。一轮实习结束后,在计算控制设计部又进行了控制用计算机操控系统(Operating System, OS)的设计实习,对 OS 构成进行了深入研习。这里所说的计算机,并不是现在大家日常使用的电脑,那时候还是使用穿孔纸带和穿孔卡编写程序。

彼时我的指导者并非他人,正是中西先生。中西先生的指导方式,不是通过布置具体工作来锻炼新人,而是教导我们要先深入思考"为什么",从理解工作的意义入手。同时,我还被教导,每天都要做对公司有用的事,经常向更高目标发起挑战。

在中西先生的指导下,我把用编程语言写成的 OS 程序制成了流程图,也就是现在所说的"逆向工程"。

"工作是为什么而做的?你要经常思考。"

"制成流程图,故障分析才会更清晰。图纸就是工厂的财产,要保管好。这可是非常重要的。"

我清楚地记得自己曾受过这样严厉的训示。

另外,不仅是操作系统,在英语能力方面我也得到了中西先生的全面指导。在还没有全球化等说法的年代，中西先生就说"商务英语很重要"，要求我们用英语制作实习报告。

虽然这个实习报告是周报，但其实每天都要记录当天所学以及想法，每周提交给指导者一次。然后会由包括作为指导者的上司在内共计 6 人逐一审阅并盖章。

"It is very difficult for me to understand this algorithm."㊀

诸如此类，每天做记录，一个星期就能做出两张 A4 纸的报告。指导者每次会用红笔给我们写下几倍于报告字数的批注。

对于刚进公司的新人来说，社长是高高在上的存在。虽然在新员工入职仪式上见过其人，但没人和社长交谈过。如前所述，因为听说过那样的潜规则——只有东京大学毕业并有日立工厂负责人履历的人才能做日立的社长，所以自然也就认为德岛大学毕业并被分配到大瓮工厂的自己是与此无缘的。

然而，据说中西先生在进入公司前就胸怀大志，曾公开表示"我就是为了成为社长而进入日立的"。实际上他

㊀ 意为"我理解不了这种算法。"

也贯彻了初衷。虽然中西先生只指导了我不到一年,但在这期间我向他学习到了身为商务人的基础。

消防员

实习期结束后就是正式分配工作岗位。每个人需要先提交志愿。同一批进入大瓮工厂的共有14人,除了我以外所有人的志愿都是设计部或研发部。我在听了各部门的介绍后,提出了希望加入检查部(之后的品质保证部)的志愿。

当时,工程师的主流是从事研发和设计工作,所以提交志愿时就有人问我:

"东原,你真的想去那里吗?"

"这种低调的工作不太有意思吧?"

诸如此类的问题。

如字面意思,检查部就是对工厂制造的系统进行检查的部门。当然不仅是单纯的检查,还包括在客户那里确认相关系统是否能够正常运行等一系列工作。前辈教导我们,一旦盖上"合格"的印章,向客户交货并直到系统运转,检查部要肩负起这一过程的所有责任。

当时,大瓮工厂制造的控制系统涵盖铁路、电力、钢铁、汽车自动化工厂等各领域。

"设计和开发都只涉及某个系统，而检查部可以接触所有领域和更广泛的一线。盖下印章之后自己就要负起全部责任，好像还挺有成就感的。"

当时我就是这样想的。能到一线和客户直接对话也让我更加体会到了这项工作的魅力。于是，我在检查部（品质保证部）一做就是近 20 年，从这里开启了专注一线的工程师生涯。

如果没有进入检查部，就不会有今天的我。在检查部所接触的广泛产业领域的一线经验，让我获得了成长。

塞翁失马，焉知非福。当然，分配到检查部本身也不是什么坏事，但总归当时自己选择了偏离主流的道路。福兮祸所依，这些都是说不准的。

在检查部的十几年，我一直都是忙碌的，经常在日本全境飞来飞去。本来我以为检查合格，交货并确认系统正常运行就是我全部的工作了，但实际上真正的工作在交货后才开始。

即使交货的时候能够正常运行，但不到一个月就出现问题的情况也很多，客户会向负责检查交货的检查部投诉。每次我都会跑去客户那里，找出故障原因，再联系工厂设计部和研发部进行修复。这就是我的工作,基本全都是排除故障。那时候,大家都会说"有麻烦找东原""及时雨""消防员"。一旦盖章"合格",检查部职员之后就要负起全部责任,所以必须认真对待。

久而久之便开始有人对我说:

"东原,下次就派你去某某部门,帮他们扭亏为盈吧。"

得益于检查部的工作经历,对我来说解决麻烦的经验已经深入骨髓了。

初到岗时的大事件

彼时,计算机刚刚导入了编程系统。此前,需要先把指令打到穿孔卡上,再由电脑读取。我入职时,大瓮工厂开发了交互式程序设计系统(Interactive Programming System, IPS),由此就可以做出和现在一样的用键盘直接输入的软件程序。入职后,我第一次负责检查的就是基于IPS的控制系统。

当时,在住友水泥(现住友大阪水泥)工厂发生的一件事故,至今让我记忆犹新。在我接到通知赶过去时,负责人正急得像热锅上的蚂蚁。

"程序突然消失了！你打算怎么办？！"

基于日立交付的 IPS，花了一个月时间开发的程序消失了。

"天啊……"

我背后冷汗直冒。原来，是 IPS 的基础软件出现了程序错误，我立即开始修复，尽可能从损坏的程序中抢救出更多还可以继续使用的代码。

通宵干了几天，终于恢复了九成以上的程序。如果不能顺利复原，客户一个月的工作和时间就要白白浪费了。修复完成后，负责人对我说：

"干得好。没少熬夜吧。"

得到客户的赞许，我虽然松了一口气，但心想绝不能再发生同样的事情了。

我们必须要确定发生程序错误的原因，以及没能预判这种可能性的原因。回工厂后，对于检查时程序是否存在不足，我们进行了全面验证。如果判断有不足，就反复更改检查流程。

在往返于一线之间被客户训斥的日子里，我不断回忆起当初刚入职工厂时，厂长所说的：

"仅有一次的人生……"

前辈们也常常说：

"越是担心挨批评而不想去的地方，越要积极地去拜访，从中必有大收获。"

好坏另当别论，在当时的日本，成为"企业战士"被视为一种美德。不同于现在，那时候既然进了公司，一般就会坚信一辈子都是公司的人了。工作就是要在其中寻找人生的意义。处理客户投诉并解决，为了不重复同样的问题而改善工厂规则，这些就是那时候我的人生意义。

另外，我对于"换位思考"的人生哲学也是在那时候形成的。虽然最初入职时对这一点没什么感触，但实际上要做到换位思考还真没有想象的那么简单。人本就是自我的，通常难以设身处地为他人着想。凡事总会优先考虑自己的意愿，难以关注到对方的感受和要求。

然而，当交付的程序突然停转，面对脸红筋暴的客户时，"现在做什么才能得到对方的理解呢？"——这样的思考习惯就是在那个时候逐渐养成的。

在第 2 章，我曾说过自己当年就任日立工业设备技术公司的社长时，没有带上来自日立总部的伙伴，我想这也是因为自己已经养成了换位思考的习惯。我想，没人愿意看到一大群外人突然跑来自己公司指点江山吧。

报纸配送不出去了

1985 年，我担任大瓮工厂检查部软件检查课技师，1990 年升为主任技师，1996 年开始在品质保证部软件品质保证课担任课长。

在此期间，不仅是在日本，我还到中国香港等地处理过各种一线系统故障。

1988 年末，《读卖新闻》大阪总社的配发系统发生故障，引起了大骚动。年轻人可能不太了解，当时昭和天皇病危，整个日本都弥漫着严肃的氛围，媒体上都是关于天皇病情的报道。

人们把即将到来但没法确定的天皇驾崩日叫作"X日"。可能是某天，也可能就是明天。万一在 X 日那天全日本发行的报纸因配发系统中断，造成配送延迟，这对一家报社来说可是致命的失误。

日立向《读卖新闻》大阪总社提供了报纸配发控制系统。报纸由轮转机一份份印刷出来，然后被折叠起来，每 100 份捆扎成一摞，再贴上印有配送地址的标签，最后以塑料包装并系紧。当然，这些全部都是自动的，这些工序的控制系统就是日立提供的。

于是,"东原,大阪读卖好像有麻烦了。"

故障报告纷至沓来。如果这时恰恰赶上 X 日,外界对日立也会产生巨大的负面评价。一接到当地项目负责人请求支援的联络,我就赶忙乘飞机前往大阪了。

故障发生在配送地址标签粘贴工序中。配送地址打印机印刷的标签,还没来得及贴在捆扎好的报纸摞上,报纸摞就被传送带给带走了。还好,最后通过程序修复,问题得到了解决。真是千钧一发,避免了在 X 日这天给《读卖新闻》造成大麻烦。

中央线停运

在大瓮工厂任职期间,我参与时间最长的项目就是与 JR 东日本共同开发的东京圈运输管理系统——自主分散式交通运输运行控制系统(Autonomous decentralized Transport Operation control System,ATOS)。

日本的铁路以准时运行的超密班次而闻名,这有赖于对列车进出站的良好管理。尤其是终点站,轨道众多且铺设错综复杂,列车进站管理难度非常大。

列车从主线轨道进站时,转辙器会切换轨道,将列车引导至支线轨道。为了避免搞错进站轨道引发事故，转辙器前面设有信号灯。以前，转辙器和信号灯的切换都由车站工作人员手动操作，而将这一过程自动化的就是 ATOS。

ATOS 被设置在各个车站，自动控制列车的进站停车或通过。通过光导纤维 ATOS 与 JR 东日本东京综合指令室相连，由指令室向各车站 ATOS 依次发送运行时刻表变更、列车晚点信息等，各车站根据该信息来管理站内运行。同时，针对列车晚点和车辆故障的处理方法设计了相应的对策程序。

ATOS 的导入是在 JR 东日本于东京圈内行驶的中央本线、山手线、京滨东北线等多条路线 300 多个车站上依次开展的大规模项目。从中央本线各站开始，导入工作持续了 20 年之久。

导入完成后还会随着技术的发展，对系统进行升级。每次升级都有系统迭代，这就意味着这是一个没有终点的项目。作为系统导入项目的总负责人，我一直负责这项工作直到在最初的中央本线上全部导入完成。

对我来说，这也是第一次经历持续这么长时间的项目。在那之前的其他项目，一旦交付并确认系统运行正常,任务就算完成了。发生问题时,我会扑上去负责灭火,但在一般情况下,一旦系统交付就意味着我的工作完成了。

然而,ATOS 项目并非如此。我必须把工作交接给后辈们。围绕安全和品质保障、人才培养、技术传承,我和 JR 东日本的各位工作人员以及项目成员们进行了多次激烈讨论。

项目启动之初也遇到了很多麻烦,甚至也有搞砸了的时候。我印象最深刻的就是 JR 国分寺站电车停运事故。在大瓮工厂任职期间,我跑过各种各样的一线,其中大部分都很顺利,唯有这次可以说是我唯一一次重大失败。我永远也不会忘记。那是 1995 年 5 月 20 日。

那天,我们正在向国分寺站的计算机内导入升级后的系统。因为不能妨碍列车运行,所以要在上下行末班电车过站后开始作业,并确保在首班电车进站前完成,作业时间只有 4 个小时。

凌晨 2 点半左右,家里的电话铃声大作,我被吵醒了。电话那边是在国分寺站进行系统软件替换作业的现场负责人。

"……软件导入不进去。"

他的声音在发抖。

"那就先恢复原有软件吧。"

我给出了这样的判断。然而,他们没有带上能恢复原有软件的机器。首班电车的进站时间是凌晨4点半左右,还有不到两个小时!

我马上驱车赶往大瓮工厂。途中,收音机里传来了"中央本线因信号故障全线停运"的消息。

"这下事情可闹大了……"

赶到大瓮,集合而来的大家都很恐慌。我乘出租车再赶往国分寺站,到达时已是早上7点左右了。

JR的负责人说:

"车站内还保留着以前的老系统。要不就先用那个吧。"

他这样建议道。

"那真是太好了!"

于是,大家将ATOS导入前手动运行管理时代的老系统与信号灯和转辙器暂时相连,总算先恢复了列车运行。真是多亏了JR工程师的机智。后来,我们的软件更换工作也完成了,但终归还是影响到了众多乘客的出行。

从重大失败中学习

问题的出现背后一定有其原因。那次的大失败首先是由于没有事先确认新软件能否导入国分寺站计算机并正常运行。因为此前在其他车站均顺利导入了该系统，所以在国分寺站便很大意地没有制定事前确认计划。

其次，作为故障对策备案，没有带上能够恢复旧版本系统的机器。问题发生时，如果能有万全的对策备案，电车运行也不会被迫中断。

那之后的几天里我进行了深刻反省，为了不再引发同样的事故，我们一直在研究事前确认系统，并在大瓮工厂内，制作了可以确认各站列车运行状况的模拟器，可确认各个车站的定制自动运行管理系统能否正常导入。

当年，这一模拟系统的制作预算约为1亿日元，

"不这样做，就没法避免出现大事故。"

厂长井手寿之先生听后马上说道：

"赶紧提交会计部。"

就这样，当场就批准了。

同时，还制作了供现场作业工程师使用的作业手册，以及培训系统。明确了只有接受过相关培训并取得资质的

工程师才能负责现场作业。

对我来说，这是一次沉痛的经历，也是一次重大的失败，但我也确实从中学到了很多。在长期项目中，只靠自己一个人是没法完成工作的，传承技术的工程师培训不可或缺。要确保安全和品质，不应该把技术传承完全交给个人。作为组织制定规则，根据规则展开培训非常重要。对此我一直铭记于心：机制和纪律都很重要，往大了说，就是对于任何事业，作为组织设定规则和展开培训都非常必要。

虽然这件事已经过去超过 25 年了，但大瓮事业所至今仍将每年的 5 月 20 日定为"JR 安全日"。这是大事故发生后设立的"记忆日"。从那以后，这个日子就一直在提醒着全体员工，对于安全和品质，展开确认及再确认的重要性。

B 就可以了

在大瓮工厂任职期间，我还曾远赴美国波士顿留学。从 1989 年 9 月起，已经 34 岁的我去留学了一年。每年，日立整体外派留学人数在 40 人左右，面向 35 岁以下员工公开招募。那一年我 34 岁，想着这恐怕是最后的机会了，于是便报名了。

进入公司以来，我一直是通过跑一线来学习计算机相关知识的，之所以申请出去留学也是想有机会彻底整理一下这些知识。公司仅支付员工本人的留学费用，所以一般都是单身前往，但我还是选择自费带着家人一起去了。

留学生活非常充实。我进入了波士顿大学研究生院计算机科学系，在一年内完成了 12 项课程并取得了计算机科学的硕士学位（Master of Arts in Computer Science，MA）。记得入学时我和导师说：

"我要在一年内完成硕士学位的学习。"

教授却回答："这太愚蠢了。我会给你在日立的上司写信，你就给我静下心来好好学习两年。"

可我是个心急的工作狂，实在没办法忍受把两年时间都花在留学上。话虽如此，但好不容易来留学，至少也要拿到 MA 再回去，但这必须要取得 12 项课程共计 48 个学分。我计算了一下，基础课程自不必说，包括春假和暑假期间的课程在内，必须要取得所有课程的学分才能拿到学位。

不巧的是，其中程序逻辑这门课，最终因为选修人数不足而被取消了。这样下去差一门课的学分，我的 MA 计划就要泡汤了。

于是我直接找到了系主任，得知"如果能在波士顿的其他大学通过类似课程拿到学分，也是可以获得认可的"。但是，我并没有接受这个方案。

"这不是剥夺教育自由吗？"

在我一通逼迫下，不知道系主任是认同了我的说法，还是单纯地失去了耐心，总之最后学校为我一个人恢复了这门课程。

课程的最后有口试。负责提问的教授问我：

"东原先生，评分只给你 B，可以吗？如果你想拿 A，我会再给你安排和其他学生一起做讨论，你觉得呢？"

要拿到 MA 学位，成绩达到 B 就足够了，所以我马上回答"B 就可以了"。

同时，在波士顿，我还去参加过儿子小学的家长教师联谊会（PTA）活动，从中也学到了很多。儿子上的是本地学校，相当于日本非常普通的公立小学。不过，学校老师会召集家长们，说明授课计划，向家长们寻求意见并展开讨论。诸如"下周的数学课会教数数的方法，这样的教学方法是否合适"等。关于 PTA，我当时印象中在日本也就是协助举办学校运动会之类的，对美国这边的不同感到很惊讶。

美国是一个多民族国家，在家长授课日，法裔家长为孩子们讲解香颂⊖。我用从日本寄来的"纸芝居"的连环画剧，给大家讲了日本民间传说《辉夜姬》的故事。

另外，让人感到惊讶的还有，在波士顿是能够自己决定入学年龄的。在日本，小学统一规定6岁入学，但在波士顿，无论6岁、7岁还是10岁，都可以根据孩子成长情况自由选择。因为有跃级的机制，所以即使入学晚，毕业不一定会晚。我认为这个体系很棒。

此次留学，无论是在大学还是孩子的小学，都能切身感受到文化差异。在那之前，虽然也有过多次国际出差，但短期工作和真正居住生活，接触到的文化浓度还是不同的。后来我到欧洲赴任，以及接任社长后，都有更多机会和外国企业高层进行交涉，和外籍的公司外部董事进行交流，但波士顿留学期间的跨文化经验，依然给了我很大启发。

一切都是在大瓮工厂学到的

回顾过去，大瓮工厂构筑了我作为一个人的基础，在大瓮工厂我学习到了商务人士在各阶段所应具备的心理、能力和技巧，并获得了不断的成长。总之，大瓮工厂对于

⊖ "香颂"来自法语"chanson"一词，本意为歌曲。它是法国世俗歌曲的泛称，也是法国流行歌曲的代名词。——译者注

作为经营者的我来说,就如同孵化器一般。正是在大瓮工厂的诸多经验,为我的经营构思提供了原型。

接任社长后提出的 BU 制和自律分散型全球经营等,其措施和理念的构思原型,都源于大瓮工厂。我是一个以成长为乐的人,那段能够切实感受到自身成长的日子让我兴奋不已,每天都过得很开心。

我入职时,大瓮工厂还残留着日立工厂出身和国分工厂出身之间的对立。"这样下去可不行,大瓮工厂全员要拧成一股绳",因此制定了 GO 纲领,开始了 GO 运动。而我所推动的 "One Hitachi",其根源就在这里。

担任工程师期间,我忙碌在数不清的行业一线,包括计算机编程、汽车工厂自动化工程控制、烟草厂纸卷系统、铁路运行管理系统、电力输配电系统等。遇见不同的人,学习之前不了解的行业知识,解决不曾经历过的问题,这些都使我不断成长。我想如果没有这些经验,我就不会构思出 BU 制。

作为工程师在全球奔波的时候,我一直想着自己就是日立的代表。我为自己身为日立的一员感到自豪。虽然自己的专业仅仅是计算机,但在客户那里如果听到了日立的坏话就会感到很窝火。并不是针对批评日立的人,而是针对生产出被批评的产品的部门。

在中国出差时，曾听说：

"我们要建新楼，但没有采购日立的电梯。因为你们的销售人员不来。"

我马上给负责部门打去电话：

"怎么回事？为什么不去拜访客户？"

我也会有诸如此类的抱怨。

走出公司，自己就是日立的代表。所以我一直有这样一种想法：如果发现了需要改进的地方，即使部门和负责工作不同，我也应该把自己得到的信息反馈给负责人，这是理所当然的。

留学归来后，我被任命为开发证券交易所新系统的项目负责人，该项目的团队成员超过100人。虽然责任重大，但我一想到马上可以开始实践在波士顿学到的"鼓励团队成员的项目管理"，就觉得非常开心。

阅读的习惯与占卜算命

44岁那年，我成为大瓮工厂电机本部交通系统设计部的部长，生活发生了巨大变化。虽然课长一职也是管理工作，但定位是现场负责人，需要在一线跑来跑去。部长的工作最重要的是与客户打交道，包括晚上的时间也都被客户应酬填满了。我甚至产生了一种40多岁了竟从工程师转职到了销售岗位的错觉。

在那之前，我经常在晚上读书，但是喝醉了回家就没法学习了。所以，我就决定改成早上4点左右起床读书。比起忙碌了一天回家之后再学习更有效率了。

虽说是读书，但并没有什么明确的目标和目的，而是随便读。从哲学、历史，到科学、宗教和文学，各种领域的经典名著和新书都有所涉猎。拜广泛阅读所赐，在成为社长后与各国政要及企业家们交往时，也不会为话题而烦恼。

当了部长就有独立办公室，也就是部长室。但我表示并不需要。

"靠窗是课长和主任技师的位子，就让我坐在他们中间吧。"

因为在同一楼层工作，就能经常见到设计人员。

如果大家聚在一起吵吵嚷嚷的，就说明一定有什么事情不顺利。比如，项目工程不畅、质量不达标、订单有问题等，有麻烦人群自然就会聚在一起。我觉得，每天看着这些，自然就会提升自己发现问题的嗅觉和眼力。没有这样的自信，又怎么能大胆地提出通过 BU 制将所有业务收归社长直辖呢？

担任部长期间，我采取了两项新措施。一是每周一次召集负责人会议，听取大家对工程管理、品质管理、收益管理状况的汇报，对延迟和纠纷给出对策指示。这就是 BU 制每月一次 BU 长会议的根源。

二是"IT 奥林匹克"。这会在第 9 章详细介绍。简单来说就是在 2000 年悉尼奥运会这一年，开展了征集 IT 产品创想的活动，优胜者可获得悉尼双人旅行奖励。自下而上的经营的根源就在这里。

另外，我再讲一个与工作无关的，我在大瓮工厂期间的小故事，那是我刚当上部长的时候。

2000 年 1 月，有一次去大阪出差。我被同事带到了大阪北新地的一家酒吧，据说店家在占卜算命方面颇有名气。说出名字和出生年月日后，老板娘一边翻着厚厚的书一边对我说：

"你将来会成为日立制作所的社长。"

"你马上就要调动岗位了。"

我和同事面面相觑。

"什么呀,成为某个工厂的厂长或子公司的社长说不定还有可能,日立社长是绝对不可能的。此外,我刚当上部长还不到一年呢。不会马上调动的。"

我笑哈哈地并没有把这件事放在心上。但是半年后,我真的被调到信息控制系统事业部电力系统设计部去当部长了。收到调令时我不禁苦笑。

"哎呀,居然被说中了……"但万万没想到,最后居然连成为社长都被一并说中了。

之所以提起这件事,并非是想说算命或占卜之类的有多神奇,只是回想起来实在很有意思。

内田先生

关于大瓮工厂,还有一个我一定要写进本书的人。那就是自我入职起一同共事了十多年的软件检查课课长内田芳勋先生。

公司里有各种各样的人,或者说公司就是社会的缩影。电视剧中出现的上司形象经常是那种"失败都是下属的责任,下属的功劳却是自己的"。这样的上司只考虑自己出人头地,对优秀的下属永远不想放手。

但内田先生不是那样的人。他非但不会把下属的业绩抢过去自我吹嘘,反而会把下属的失误看作自己的责任。

前文曾提到我在刚入职时,第一个负责的项目就是处理住友水泥系统的事故。那是非常重要的客户,给产品盖上了合格印章的软件检查课受到了高层领导的严厉斥责。那时内田先生就对我说:

"都是因为我平时指导不到位,非常抱歉。"

说着还低头向我致歉,完全没有把责任全推给身为下属的我。

痛快地批准我去留学的也是内田先生。彼时我已经有了一定的成长,在课内也可以助内田先生一臂之力了。批准下属出去留学,对部门整体而言意味着战斗力下降,因此希望下属去留学的课长其实并不多。对于软件检查课来说,这也是第一次把成员送去留学。

面对抓住年龄超限前最后机会申请留学考试的我,内田先生说:

"东原君,你一定要加油啊。检查部没人有留学经历。如果你能打头阵,之后可能会有更多人去留学。留学还是很重要的。"

内田先生给了我坚定的鼓励。能遇到这样的上司,实在是一种幸运，不仅是对我，内田先生对周围所有人都很关心，备受大家爱戴。

内田先生在日立历任大瓮工厂品质保证部部长和关联公司的经营高层，退休后在一个名为"社区 NET Hitachi"的 NPO 担任代表一职，该机构旨在向普通市民教授电脑、平板电脑、智能手机等最新技术，支援当地企业导入新机器和设备。顺便说一下，"社区 NET Hitachi"与日立集团完全没有关系，"Hitachi"只是取自日立市这一地名。现在，我和内田先生依然保持着密切的联系。

在职场新人时期遇到的厂长伊泽、课长内田、导师中西以及大瓮工厂历代厂长……如果没有和这些充满热情、要求严格且关心下属的上司相遇，也就不会有今天的我。

赤字子公司的经营重建

就这样，我走到了从大瓮工厂毕业的那一天。

在信息控制系统事业部担任部长两年后，2006 年 4 月，我被调任至信息通信集团担任 COO。2007 年 4 月升任执行役，被任命为电力集团 COO。

从 2008 年 4 月到 2010 年 3 月的两年间，我被外派德国，担任日立电力欧洲（HPE）的社长。HPE 是 2003 年日立收购原巴高克·博尔西希集团（Babcock Borsig Group）发电工程部门后，于 2006 年成立的新公司，拥有约 1000 名员工，不仅生产涡轮发电机和锅炉，还从事包括工程在内的一站式火力发电站设计及建设业务。

该公司此前一直由德国籍 CEO 管理具体事务，但连年亏损，所以把我派了过去。

到任后我做的第一件事就是先摸清实际情况。结果，越了解真实情况就越感到惊恐。我才到任不满半年，HPE 就已滑落至"破产的边缘"，如不追加注资 5 亿欧元（约 650 亿日元），就会陷入资不抵债的泥沼。

从 2008 年 10 月开始，我每月两次往返于德国和日本，与总部探讨对策。要么关闭公司，要么继续注资。同年 12 月，在日立总部经营会议上确定了要继续注资 5 亿欧元的方针。HPE 在欧洲建设了很多火力发电站，如果破产，就会引发巨额损失赔偿。听到经营会议决定注资的结论，我着实松了一口气。

回到德国，我召集了所有员工，告诉他们：

"日本总部已经决定注资，我们不会破产了。接下来，大家要一起好好重建公司。"

听到公司可以继续经营下去,员工们纷纷表示:

"总算能好好过个圣诞节了。"

公司里人人兴高采烈,士气高涨。

而总部电力集团传出了抱怨,"怎么搞的,就因为德国公司亏损,我们的奖金也要跟着减少"。这些不满也不是没有道理的,我愈加迫切地想要让HPE赶紧扭亏为盈。

摸清HPE的实际情况后,我还发现了另一件事,HPE其实并不是所有项目都亏损。

和许多公司一样,日立是根据项目进展的相应销售额和利润来做财务记账及业务管理的,这被称为"进行基准"。然而,HPE依据的是德国会计标准,也就是项目结束时记账的"完工基准"。就算是横跨数年的项目,大家也会认为"如果最后可以盈利,那么之前每季度财报即使出现亏损也没问题",没有对业绩展开经常性的全面确认。

在完工基准下,项目早期出现的成本问题往往会被推迟解决,这就增加了项目完工时出现巨额亏损的风险。对此,我要求员工们必须在自身工作中,通过定期召开会议对所有项目的进展情况、业绩展望、存在问题等进行确认,推动大家从工作意识上做出转变。

HPE管理层在安全意识上也和日本有很大不同。德国管理层的价值标准是"利润第一",虽然成本意识很强,但品质和安全被放在了第二位。

他们主张"最重要的是利润最大化,安全和品质不是绝对的"。但是,我反复强调:

"我们的优先顺序是'安全(Safety)》品质(Quality)>交货期(Delivery)>成本(Cost)'。"

安全和品质之间,之所以使用双重大于号,正是因为想让大家明白安全是如此重要。

最初,重视合理性的德国籍管理层很难理解我的想法,讨论陷入了僵局。不幸的是,恰在此时发电站建设工地发生了人员伤亡事故,工程因此停滞了数月,导致交货期推迟,成本也因此上升。虽然契机是不幸的事故,但那之后大家的安全意识发生了转变,"安全第一"的理念也在员工心中逐渐扎根。

HPE 的经营会议语言是英语,但在员工集会上也需要用德语讲话,所以我还去参加了德语课程。开始学习德语后,某个星期五下班我和员工们一起乘坐电梯。

"Schönes Wochende(周末愉快)。"

我用刚学会的德语和大家打招呼,走出电梯的员工笑着回头对我说:

"Ihnen auch（您也是）。"

即使只有只言片语，我也切身感受到了使用当地语言更能让人心灵相通。

彼时，川村先生曾跟我说"HPE实现盈利之前你可别想归任"，但实际上2009财年我们就实现了这一目标。2010年4月，我再次回到日本总部。接着就被派驻到了日立工业设备技术公司担任社长。

子公司应抱有的自豪感

日立工业设备技术公司（HPT）是一家从事水处理系统、产业设备、空调设备等社会基础设施的设计施工业务的公司。在川村先生的改革下，HPT从上市公司变为日立的全资子公司。我的任务就是促进HPT和日立社内公司——基础设施系统公司的一体化，创建一个能够提供设备设计、制造和施工等一站式服务的组织。

日立制作所作为母公司，可以易如反掌地以资本的力量展开强制统合，但那样做的话员工士气势必会受到影响。在与员工接触的过程中，我感受到了员工们诸如此类的不安：组织统合后仅由资本关系决定领导体系；HPT员工的能力无法得到应有的评价，等等。

对于计算机专业出身且常年从事控制系统相关工作的我来说，说实话，我并不太了解HPT的一线作业情况。为了先摸清这一点，我们召开了多场与一线负责课长深入交换意见的会议。

虽说是会议，但其实就是边吃边聊的聚餐活动。HPT包括联结子公司在内有近7000名员工，课长职位约450人。每次20人左右的聚餐活动持续了大约一年。

在这一过程中，我和大家讲述了自己的想法，也倾听了来自一线的声音。从中，我发现一些在作业一线表现出色的员工，并没有得到该有的待遇。

我向总务部询问时，得到了这样的回答：

"啊，您问那个人吗？他以前有过失败案例，导致评价等级比较低，所以一直是主任，没能晋升课长。"

"如果失败一次就一辈子都不能升职，员工们会失去动力。"

总务部说的这个原因我可有点不能接受。作为公司，我们甚至不能最大限度地发挥员工的能力。于是，我立刻指名一些员工晋升为课长。这是我越过各事业本部长，动用了社长权限。

在员工考评制度上，也将之前各部独自进行的人事评价，改为将各部员工评价向所有本部长公开，以确保公正。这样一来，封闭型的各部单独人事评价变得透明可见。通过对各员工的人事评价进行开放性讨论，就可以更多地互换各种意见，从而确保人事评价的客观性。彼时，已经决定了 HPT 将在不久后与日立制作所合为一体。为了让 HPT 的员工到那时也能充分发挥实力，我认为非常重要的一点是，要让他们对自己在 HPT 的工作经历感到自豪和自信。那时候 HPT 正在积极开拓产业设备和空调设备的全球业务，我便全力投入其中，力图取得成绩以鼓舞员工们的自信心。

2013 年 4 月，HPT 被整合统编为日立制作所基础设施系统事业部，我作为执行役专务担任社内公司——基础设施系统公司的社长。一年后，2014 年 4 月，就任日立制作所社长。

第6章 损失成本的清算

地平线项目

2016年我接任日立制作所CEO时，日立面临着一个亟待解决的重大课题，那就是削减损失成本。

当时，日立在英国核能发电和南非火力发电项目上均有数额巨大的损失成本。损失成本指的就是无收益事业的成本。如果置之不理，公司整体的经营实力会被消磨殆尽，也没办法开展进一步的发展投资。两个项目的清算已经迫在眉睫。

在英国推进的新核电站建设项目，一方面响应了英国政府的能源政策，另一方面也强化了支撑着日本核能产业的相关业务基础，是日立前经营团队大力推进的项目。为了参与英国的核电站建设，日立于2012年以900亿日元的价格收购了英国电力公司——地平线核电公司。计划通过该公司在英国开拓电力事业，在位于威尔士西北岸的安格尔西岛上，以符合英国环境标准为前提，开发改进型沸水反应堆，建设两座核电站，并负责之后的电力销售业务。但实际上，收购之初即有这样的方针：因为有数家企业均表示有兴趣投资英国地平线核电公司，因此计划在未来继续寻找投资者，以降低日立的持股比例。另外，由于日立并非电力公司而是设备制造商，因此还计划在欧美寻找拥有核电业务经验的合作伙伴。

该项目在日立内部被称为地平线项目。然而，电力销售最早也要到2025年前后才能启动，还有十几年。而与此同时，开发成本不断攀升，越来越举步维艰。

是继续下去，还是索性撤出，在董事会上反复展开了激烈讨论。

有的董事主张继续坚持：

"核能是社会不可或缺的能量来源，为了确保人才希望能够坚持下去。"

但也有相反的声音：

"虽然作为能源不可或缺，但企业一己之力毕竟有限。"

"经济上不合理的业务，到底要持续到什么时候？"

"对股东来说，就是亏损啊。"

有的董事这样说着并要求撤出该事业。

不过，显而易见的是，日立不可能再继续为该项目承担更高的开发费用了。大家一致认为，要让项目继续下去，就必须促使英国政府制定一个方案，负担部分开发费用。

同时，如果在合并财报中，将英国地平线核电公司的资产计入日立的资产负债表，会对公司整体经营形成压力，所以必须将该公司从日立集团的合并财报中去除，比如通过其他投资者注资等。然而，自收购以来，商业环境发生了巨大变化。英国海上风电的电价大幅下降，法国、芬兰和美国核电站建设项目施工阶段成本上涨，核电站建设风险受到密切关注。业界对核电的投资热情降温，融资变得十分困难。

即使项目继续进行，由于日立不具备电力销售经验，所以必须构建一个方案，将发电公司和制造公司分开，日立不再负担从发电厂建设到销售电力的所有工作，转而专注于设备制造。在电力销售方面，可通过与美国大型电力公司建立核电站运营合作关系，推进该方案。

最终，董事会经过讨论后，结论如下：

- 确保作为私营企业应有的适当回报（确保项目利润，支撑日立的发展）。
- 基于日立表外融资的财务模型（将英国地平线核电公司变为权益法核算公司㊀，从日立集团合并财报中剥离）。

㊀ 日本公司包括股份公司、合名公司、合资公司及合同公司四种，其中合名公司、合资公司及合同公司又被合称为"权益法核算公司"。——译者注

- 仅私营企业可接受的投资范围（投资规模不能对日立资产负债表和现金流产生重大影响）。

如果不能同时满足上述三个条件，则判断该项目在经济上存在不合理性，应予以冻结。

地平线项目是一个与英国能源政策，以及日本基础设施出口政策相关的国际项目，因此由政府出面制定方案，以及分担部分开发费用或融资，还是具有一定合理性的。负责核电事业的副社长西野寿一先生与英国政府展开了交涉，在开发费用分担方面，谈判一度陷入了胶着状态。

最终，由于无法同时满足董事会的三个条件，日立只得冻结了该项目，并于 2019 年 1 月对外宣布。翌年，日立宣布退出该项目的运营。

失败的本质

做出这个决断其实我也犹豫了很久。日立终止英国核电站建设项目，也意味着日本退出了核电出口业务。但我还是认为，一家私营企业无法再承担更大的负担。

从董事会决定撤出到对外公布大约有一个月的时间。在此期间，西野先生跑了不少地方，与日本政府部门及英国商业能源和产业战略部等展开协商。

总损失约为 3000 亿日元，但考虑到继续下去的损失成本，我认为撤出是正确的经营判断。如果继续下去，损失成本会进一步膨胀，无法为进一步发展进行投资，也就不会有今天的日立了。

诚然，地平线项目的难度极高。日立从 20 世纪 50 年代开始致力于核电技术的开发，但在日本开展的事业仅是设备制造部分。收购英国地平线核电公司后，本想尝试着去做毫无经验的发电和销售业务，抱着"放手干吧""要如何做才能达成目标""构建这样的体制应该就可以做到"等诸如此类的想法，就开始干了。在没有经验的情况下，这类与政治和政策都挂钩的核电事业开发，难度相当之大。不得不说，在预见和判断方面日立还是太过乐观了。

我想，当初决定收购英国地平线核电公司的中西先生，对于强化日本核能技术基础，是抱有强烈使命感的。福岛事故以后，日本国内的核电站别说开设新工程了，连维持基本运转都很困难。如果持续这样下去，这项技术就会流失。

自然，从事核电相关工作的日立员工就可能会面临失业的风险，中西先生肯定也有过这样的担心。因为在日本难以开展相关建设，所以转而在全球开拓核电事业力图承继这项技术。这个事业方向并没有错。

然而，英国的商业模式很脆弱。日立的核能团队善于在既定预算内完成设备机械的制造，并以合理的方式创造利润，但无法建立起销售与制造分离的稳固商业模式。此外，最初预测的经济合理性没有考虑到商业环境的变化，最后无法通过与英国政府的交涉进行解决。

就这样，日立最终不得不做出撤出地平线项目的决定。但我还是认为，为了实现脱碳社会，作为基荷电源，核电是一种非常高效的能源。

上述项目对日立经营管理来说带来了巨大的反思，从中我们积累了不少技术开发和安全性改善方面的经验。现在，日立核能 BU 正在推进日本福岛核电站废堆工作，以及重启日本核电站相关的标准应对工作，同时还在开发下一代核反应堆，以及开发降低废料危害度的相关技术。

南非项目

如前文所说，还有一个南非的火力发电项目。

在我就任 CEO 前，2016 年 3 月三菱重工向日立提出了约3790亿日元的索赔。索赔原因正是南非项目停滞所造成的损失。彼时，三菱重工和日立制作所将火力发电系统事业合并，成立了三菱日立电力系统公司（MHPS），并由新公司接手了南非的火力发电相关项目。

该项目涉及在南非共和国东北部莱帕拉莱一带建设12座燃煤火力发电站。日立电力欧洲在2007～2008年从南非国营电力公司手中共计获得了5700亿日元的锅炉设备制造订单。

我和该项目也算有某种渊源，还曾作为日立代表见证过这一项目的正式签约。

南非的发电站建设计划是当地振兴地区发展政策的一环。在电力匮乏地区建造发电站及学校是一个很棒的计划。然而，项目常常停滞不前。这是由于各种问题综合造成的。比如设计不符合规划、合同条款不一致，当地分包商出现劳资纠纷等。总之就是项目管理不到位。成本迅速增加。

与此同时，日立决定与三菱重工整合火力发电系统事业，并于2014年2月成立了合资公司MHPS，目的就是加强国际竞争力。

同期，新公司也接管了日立在南非的这一项目。但那时，相较 5700 亿日元的订单金额，成本占比已大幅增加。三菱重工提出索赔的理由也是"合资前即出现的事业损失，理应由最初接受该订单的日立来负担"。

在三菱重工提出索赔的第二年，也就是 2017 年 1 月，索赔金额上涨到 7634 亿日元，同年 7 月再次上涨到 7743 亿日元。然而，日立也无法接受要为新合资公司填补所有项目亏空。于是三菱重工寻求仲裁，双方卷入长期谈判。

如果再晚一年……

MHPS 的持股比例为三菱重工 65%、日立 35%，成立之初即由三菱重工主导经营管理。搁置该问题恐怕只会让索赔金额愈加膨胀。此外，即使不能接受承担全部损失，但合资前就已经能够预测到的损失，这部分理应由日立承担。

经过综合考量，日立与三菱重工达成和解，并决定彻底退出自初创时期便开始培育的火力发电系统事业。

在和解过程中，我们一直强调要尽快解决问题。彼时，我在与经常会面的国际投资者对话时，曾得到过这样的建议：

"从投资者角度来看，最好的办法就是转让 MHPS 的全部股份，以最低限度的现金转化来解决。"

对此，我也认为是合理的。

2019 年 12 月，双方达成和解。条件是日立将所持有的 MHPS 全部股份转让给三菱重工，并支付 2000 亿日元的和解金。同时，日立通过转让所持有的 MHPS 债权，抵消了 700 亿日元的和解金，最后实际支付金额为 1300 亿日元。但不管怎么说，数额依然巨大。

直到今天，我还是认为和解是最正确的经营判断。虽然损失依然惨重，但并没有对整体经营造成特别严重的打击。

决定冻结地平线项目是在 2019 年 1 月，与三菱重工和解是在同年 12 月。在这动荡不断的一年里，我们解决了给经营带来重大压力的损失成本问题，总算是卸下了一座大山。

现在回想起来，只能说在时机上十分侥幸。翌年起，新冠疫情席卷全球。

经过 18 中计，日立已经具备了将营业利润率保持在 8% 的实力。Lumada 也开始取得成果。因此，我们相信，新冠疫情并不会动摇日立的经营。

然而,如果当时没能及时清算损失成本,就不知道会发生什么了。我想,在疫情突袭世界经济之后,是根本没法再清算损失成本的。想想当初的自己,真是如履薄冰而不自知,也算万幸了。或许就是运气比较好吧。

第7章

力争全球榜首
日立集团的重组

向资产轻量化转型

自 2016 年起，日立针对 8 家上市子公司实施了出售或分割（非联结化），此外，还进行了包括影像诊断相关事业在内的相关资产出售。出售金额合计超过 2 兆日元。

基于 Lumada 高适配性、社会创新事业推进必要性等经营判断，我们将日立高新等集团公司转变为全资子公司，财报与集团合并。

这就是日立集团的重组。通过这一系列举措，日立集团在日本国内的 22 家（截至 2008 财年的数据）上市子公司，到 2022 财年已全部清零。

同时，为了拓展社会创新事业，发展力争全球榜首的事业，我们还积极开展了相关业务的必要收购。加上日立高新等转为全资子公司所需的股份收购，总投资额达到了 3 兆 5000 亿日元以上。

在我就任 CEO 前，2015 财年末，日立的总资产约为

12兆6000亿日元，由此也可以看出集团重组带来的冲击之大，足以称之为公司内部大革命。在爆出大赤字后，自2009年以来，日立集团的销售额一直保持在9兆～10兆日元规模，而在此期间开展的事业出售及收购，实际上已经让占这一数字30%～50%的事业内容发生了变化。

　　日立集团的重组是一项大工程。重组的基本方针是，要根据事业环境，着眼未来发展，判断对日立集团及事业来说可取的方式。是应该将其转为全资子公司，还是寻求能实现比日立集团更大发展的合作伙伴，转让部分或全部股份，财报不再与集团合并？要对此做出抉择。据此，我们陆续于2016年针对日立物流和日立租赁、2017年针对日立工机和日立麦克赛尔、2018年针对日立国际电气、2019年针对开展汽车导航业务的歌乐采取了股份出售措施，财报不再与日立集团合并。

　　随后，还在2020年针对日立化成、2021年针对影像诊断相关事业、2022～2023年针对日立建机和日立金属实施了股份出售。其中，日立化成、日立金属和日立电线曾被称为"日立御三家"，支撑了日立集团的成长和发展。每一家公司的出售都伴随着切肤之痛，但这也是为了各条事业线的长远发展而做出的抉择。

上市公司的经营关键是如何增加当期利润，提高每股盈利（EPS）。得益于众多优秀的集团公司，日立集团的合并财报实现了良好的营业利润，但实际上利润不断流向了少数股东，当期利润的数字并不理想……这样的经营状态实在称不上良好。

不言而喻，随着经济全球化的快速发展，在商业世界的任何领域，不具备全球竞争力的企业必定会被时代所淘汰。日立也正处于这样的洪流之中。我就任CEO以来，秉持中西先生的方针，把以Lumada为代表的运用数字技术的社会创新事业作为核心，将重心逐步转移至课题解决及服务提供型业务，着手开展了各项改革。

换个说法，就是资产轻量化（Asset Light）。Light在日文发音中既可以是Light（轻量），也可以是Right（适当），所以这里两方面的意思皆有，即资产的适当轻量化。

提高资产周转率，提高资本效率，对企业经营很重要。即便不是百分百全资子公司，只要是财报合并子公司，其所有资产都会被计入日立集团的合并资产负债表。此外，为了更简单明了地向外界展示日立的成长，最佳方式就是尽量提升EPS，但非控制性权益（日立以外其他股东）的利润并不会计入日立集团的当期利润。因此，我们就要清理资产庞大的"重型业务",向保有资产较少的以服务为主的事业转换。

如第 2 章所述,BU 制由三级构成——前端 BU 群、服务与平台 BU、以产品为主体的 BU 群。最初之所以这样去构建,就是为了将来出售产品主导型业务及相关集团公司。所有措施都是为了应对全球竞争,为了增强日立的国际竞争力。

集团公司也是如此,必须加强国际竞争力才能生存下去。在这样的商业环境中,对于日立集团整体和各集团公司双方来说,是留在日立集团内将重心向服务型转移,还是走出日立集团,加强与其他合作伙伴的关系,哪种方式才是最优解,这就是我们做出判断的基准。

留下还是脱离,被收回还是被出售

母公司对子公司拥有绝对的支配权。因为持有过半的股份,完全可以决定保留日立集团需要的,出售不需要的。我想,欧美的 CEO 们一定会毫不犹豫地做出抉择。

而我采取的方法略有不同。因为我经历过这样的情况:仅靠"两家公司合并就能发挥协同作用"的理论是行不通的,这会在集团公司中引发抵制,从而难以做出理性决定。一旦引发情绪排斥，原本可以顺利进行的事情也会变得困难重重。关键还是在于，员工们是否"希望合并"，集团又能否让员工们认同"合并可以实现更大发展"。

在经历着巨变的日立集团，是留下还是脱离？是被收回还是被出售？在集团重组之初，我们就与各集团公司高层进行了全面的讨论，以期找到对双方都最有利的解决方案。

无论去或留，我们都尽可能地寻求一个解决方案，让包括员工在内的集团公司大部分人都能接受，并能自豪地继续向前迈进。在确定上市公司未来方向时我们也通过召开取缔役会进行了相关探讨。

例如，我们同日立建机社长平野耕太郎先生，就日立建机要发展为全球企业应该如何去做进行了反复讨论。日立建机的主营业务是液压挖掘机及矿山用大型装载卡车的制造和销售。

"未来，可能会有很多公司不再自购建机设备，转而从租赁公司租借使用。"

"日立建机也在考虑与金融机构合作，开展租赁业务。"

"也就是说，要将建机设备变为日立建机的资产？"

对于规模已达10兆日元的日立来说，这样做会让合并资产负债表中的资产变得更重。无法实现轻量化，与我的努力方向不一致。

不过，日立建机的液压挖掘机远程监控解决方案等，确实也是融合了 IT、OT、产品的 Lumada 解决方案。日立建机的很多产品也使用了日立集团的电气配件。保留资本关系对双方来说都是上策。基于反复探讨，日立将持有的 51% 日立建机股份部分出售，将持股比例降至 25%，日立建机正式脱离日立集团。这是花费了将近 3 年时间，以应对全球竞争为出发点，反复探讨后得出的结论。

图 7-1 展示了日立集团的重组情况。

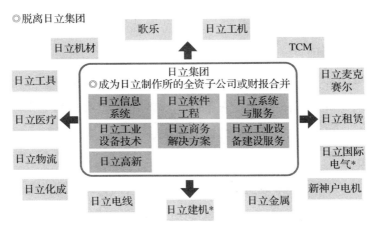

图 7-1　日立集团的重组——2009 年拥有的 22 家上市子公司在 2022 财年清零

注：1. 集团公司数量在 2009 年 3 月末为 943 家，到 2022 年 12 月末减少至 760 家。

2. 带"*"标识的公司为权益法核算公司。公司名称为当时的名称。

不做暗算之事

我们将日立化成出售给了昭和电工，主要是考虑到 5 年后，乃至 10 年后日立化成的发展。日立化成是日立化学制品部门独立后成立的集团公司，是曾有着"日立御三家"之称的优良子公司，主要从事半导体材料的开发制造，以及锂离子电池用负极材料、功能性树脂材料等工业产品零部件材料的开发与制造。

在探讨中，日立化成的丸山寿社长谈道：

"作为日立集团的一员，仅靠从事材料类业务，是无法期待日立化成有更大发展的。昭和电工制造生产的是乙烯、聚丙烯、陶瓷、碳等材料制品的基础材料。与其把日立化成留在日立集团，不如让它加入昭和电工旗下，通过打通上下游材料，组成一个更具全球竞争力的公司。"

最终，我们决定出售日立化成。目前，日立化成与昭和电工的合并已完成，新公司更名为 Resonac。

同样，我们也同其他上市子公司的社长们进行了反复探讨。川村先生与中西先生着手启动改革之时，2009 年日立曾拥有 22 家上市子公司。最终，我们将与社会创新事业适配性较高的日立高新、日立信息系统、日立商务解决方案等7家公司，通过合并或是转为全资子公司留在了日立集团内，而将以产品为主的日立工机、日立化成、日立金属等15家公司剥离出了日立集团。

日立工机成立于1948年，日立金属和日立电线成立于1956年，日立化成成立于1963年，日立建机成立于1969年（从日立制作所独立出来成为集团公司），都与日立集团有着深厚的渊源。

出售这些集团公司的股份，将其剥离出日立集团，情感上是很痛苦的。这些集团公司里的很多老前辈，都是从日立总部转职过去的。各公司业绩也都不差，所以我也听到过一些反对的声音："为什么东原非要卖掉业绩好的公司呢？"

其实恰恰相反。正是因为业绩好，才趁现在出售。如果继续留在事业重心正快速转向服务业务的日立集团，集团也不能再为这些公司制定必要的策略，开展必要的投资，这样下去，五年后这些公司的业绩可能就会下滑。

也许有些老前辈对此还是心存不满。但这总不算是被暗算吧。此外，这不是日立单方面的决定，而是大家在探求双方未来发展最优解的前提下共同摸索的结果。

连珠炮式的企业收购

整合上市子公司的同时，为了发展力争全球榜首的事业，我们还积极地推进了一些优质企业的收购。

2017 年，以约 1500 亿日元收购美国寿力；2019 年，以约 1500 亿日元收购美国 JR Automation；2020 年，以约 1 兆日元收购瑞士 ABB 电网事业；2021 年，以约 1 兆日元收购美国 GlobalLogic；2023 年，推进法国泰雷兹集团铁路信号业务的收购（约 2000 亿日元）。

2017 年收购的寿力是一家生产空气压缩机（工业用压缩机）的公司。收购该公司，当然是考虑到可以与同样从事空气压缩机业务的日立产机系统联手，同时主要目的还在于全日立集团今后都可以活用寿力在美国的销售渠道。这是日立首个由副社长主导的收购项目。由于规模庞大，体量较小的 BU 无法单独完成，因此指派了副社长牵头推进。

接下来收购的 JR Automation 是一家从事机器人 SI 业务（工厂生产线等相关设计及构筑）的公司，其优势在于应用范围广泛。即使美国的汽车工业已成为夕阳产业，该业务也可转向医疗制造行业。事实上，在新冠疫情发生时，我们就曾建立过一条生产线用于口罩制造。

在日本，生产线一般是企业自己开发的，但在欧美，越来越多的企业将生产线开发外包给机器人 SI 公司。运用日立的诸多 Lumada 解决方案，JR Automation 就可以为客户提供更多的附加价值。

图 7-2 列示了主要的事业出售与收购项目。

● 脱离日立集团/成为权益法核算公司　　　　　年销售额（当时概数）

事业	产品/业务	年销售额
火力发电系统事业	火力发电设备	5100 亿日元
日立麦克赛尔	电池・性能部件	1500 亿日元
空调事业	空调设备	2000 亿日元
日立物流	物流	6800 亿日元
日立租赁	金融	3700 亿日元
日立工机	电动工具	1800 亿日元
歌乐	汽车导航	1500 亿日元
日立化成	高性能材料	6300 亿日元
影像诊断相关事业	影像诊断设备	1400 亿日元
日立建机	建筑机械	1 兆日元
日立金属	金属材料	9400 亿日元

合计　4 兆 9500 亿日元

● 收购/变为全资子公司　　　　　年销售额（当时概数）

公司	业务	年销售额
AnsaldoSTS/Breda	铁路信号・列车	2500 亿日元
Sullair	空气压缩机	500 亿日元
Chassis Brakes International	汽车制动装置	1100 亿日元
JR Automation	机器人 SI	700 亿日元
日立高新	测量分析系统	7000 亿日元
ABB (Power Grids)	电网	1 兆日元
Keihin/Showa/日信工业	汽车・摩托车零部件	8000 亿日元
GlobalLogic	数字工程	1000 亿日元

合计　3 兆 800 亿日元
（不含日立高新，合计 2 兆 3800 亿日元）

图 7-2　2009 财年起，销售额占比 30% ～ 50% 的事业发生了变化

注：图中列示了主要的事业出售与收购项目。

一举三得：收购 ABB 电网事业

紧随其后的 ABB 电网事业收购项目，收购金额一下跃升至约 1 兆日元。ABB 的电网事业，主要包括直流输电及变压器业务，市场份额位居全球第一。

所谓电网，指的就是输电和配电网络，是将发电站的高压电，通过输电线路、变电站及配电线路，输送到工厂和一般家庭等需求点的网络。用电量和供电量如果不能在一定时间内确保匹配，就会出现供需不稳，导致停电等事故。控制供需及电能质量，也是电网的重要作用之一。

日立的电力部门也在开展电网业务，收购 ABB 的电网事业，有助于日立发展成为世界第一大电网企业。在电力业务方面，日立正在逐步退出火力发电系统事业，并撤出英国的地平线项目，这也是我们需要新事业的原因之一。

收购电网事业的另一个目的在于进一步加强 Lumada。ABB 拥有强大的客户基础，这将使我们能够与新客户携手发展日立的 Lumada 事业，通过协创扩大业务。

同时，ABB 还拥有帮助客户管理资产（设备）和提升运转率的优秀软件，这些软件可用于增强 Lumada 解决方案。特别是，通过将 ABB 在电网方面的技术及经验融入

Lumada，我们有望与日立在铁路及产业领域的客户合作，开发新的能源解决方案。

更进一步来说，收购电网事业的目的还在于引入自律分散型全球经营的方法及经验。ABB 的经营管理非常接近自律分散型的理念，对日立来说有很多值得借鉴的地方。详情请见下一章。

综上所述，收购 ABB 的电网事业可谓一举三得：实现发展世界榜首事业的壮志，发展壮大 Lumada，获得自律分散型全球经营的方法及经验。

2023 年，日立还启动了从法国泰雷兹集团收购铁路信号业务的计划，这也是为了要在该领域占据全球领先地位。

在铁路领域，日立在运行管理系统方面拥有深厚的实力。列车制造方面也很强。但是无论如何努力，日本地区年销售额总是徘徊在 1500 亿日元规模。通过向英国提供高速铁路车辆，收购意大利铁路系统公司 AnsaldoBreda S.p.A. 及 Ansaldo STS 等，日立在全球的相关事业规模已攀升至每年 6000 亿～ 7000 亿日元。

然而，要在铁路事业领域获得全球市场份额非常困难。以列车业务来说，中国中车的事业规模约为每年 4 兆日元，其业务主要以中国国内市场为中心，规模之大难以企及。

但相对的,如果我们能收购市场占有率颇高的泰雷兹集团的铁路信号业务,就可以在信号领域力争世界第一。

顺便提一句,日立的铁路系统事业早在 2000 年左右便开始进入英国,但由于缺乏当地的成功案例,进展一度不顺。直到 2005 年,我们终于拿下了首个订单,为伦敦至多佛海峡一带的铁路制造通勤电车,并于 2009 年交付使用。

这一年,还发生了一件很幸运的事。英国下了一场大雪,其他制造商生产的列车陆续停运,而日立制造的列车依然正常运行。其实原因也很简单,在日本,日立的列车制造业务覆盖了东北及北陆等多暴雪的地区,电气部件从设计上就确保了不会因大雪而发生故障。就此,在英国国内我们获得了"品质的日立"这一称赞,声誉大幅提升。

与 ABB 的 CEO 促膝长谈

一口气说完了过去几年日立开展收购的故事,但实际上,这一连串总计 3 兆日元的收购项目,并非易事。

在橱窗里挑选自己喜欢的服装,可以直接说"请给我这个"。而收购一家公司或一条事业线,则完全不同。谈判负责人可谓相当劳心劳力。

在最后决策阶段，我也犯过胃痛等毛病。以约 1 兆日元收购 ABB 电网事业，是日立收购史上前所未有的巨额项目。做出这个决定并不容易。在与 ABB 的最后谈判中，我和 ABB 的 CEO 史毕福先生单独进行了促膝长谈。

ABB 是一家总部位于瑞士的跨国公司，在全球 100 多个国家开展电气化、产业自动化、机器人和电机业务。正如我前面讲到的，ABB 在电网（输配电网）领域的直流输电和变压器方面拥有全球第一的市场份额，同时也是全球四大工业机器人制造商之一。

此次的电网事业收购谈判，始于 2018 年 1 月在瑞士召开的达沃斯论坛（世界经济论坛）。我们接到了来自 ABB 的 CEO 会面函。

"ABB 未来将更专注于机器人事业等其他产业领域，所以正计划出售电网业务。请问日立是否有意收购？"

这真是出乎意料。

对于想要打造全球市场占有率榜首事业的日立来说，这是一个非常有吸引力的提议。

并购就像婚姻。即使规格和条件都合适，如果彼此不投缘也不会顺利。双方在价值观和人生观方面的契合度也很重要。

对一家公司来说,价值观和人生观就相当于企业理念或创业的精神。如果像水和油一般难以相溶,那想来便难以携手共同开展事业,所以企业之间的亲和度是非常重要的。

在这方面,日立早在 2015 年就与 ABB 合作,在日本国内成立了一家开展高压直流输电系统事业的合资公司。双方的企业文化比较接近,彼此也有一定程度的了解。

"这件事,我非常希望能够谈成!"

从瑞士回到日本以后,我马上召集了工作小组,开始讨论收购事宜。并在 2018 年 4 月,组建了收购项目团队,正式启动谈判。

经过约半年的谈判,收购完成后合资公司的持股比例、ABB 员工的待遇等条款都基本谈妥,但最关键的一点,收购金额(ABB 电网事业的价值)一直没有最终敲定。最后只能安排由双方高层单独磋商,因此我和史毕福先生进行了一次促膝长谈。

2018 年 10 月 7 日,我在百忙之中启程飞往苏黎世。航班于当天上午 10 点 10 分从成田机场起飞,经过 12 个多小时的航程,于当地时间 7 日下午 15 点半抵达苏黎世机场。和史毕福先生的会谈就安排在翌日上午 11 点。

主动召唤黑船

为了确保谈判内容不在 ABB 公司内部泄露，或是流出外界，会谈没有被安排在 ABB 公司内，而是选择了附近一家酒店的会议室。记得当天层云密布，我怀着紧张的心情提早抵达了会场。

我到得确实有些早了，但史毕福先生似乎也怀着和我一样的心情。还不到上午 11 点，会谈就正式开始了。只有我们两个人，没有安排翻译。

史毕福先生非常绅士，他身高约 1 米 9，讲话有条不紊。我们谈了很多，一聊就是 3 个多小时，午饭都没有吃。

日立和 ABB 都是从生产矿山电气机械起步的，有着相似的原点。双方在企业理念"贡献社会"方面也存在共通点，Lumada 和电网事业合并可能会对社会做出巨大贡献。这一合并对双方公司、员工及社会来说都是有益之事。就此，我们聊了很久，再次确认了双方的想法。

剩下的就只有价格问题了。会谈前，日立取缔役会已经确定了我们此次收购价格的上限。我想对方肯定也设定了下限。

当谈到企业价值时，史毕福先生一度沉默不语。我直截了当地问他具体需要多少，他给出的数字比我们设想的高出很多，这下轮到我沉默了。

后来，我们又再次确认了相关问题点，并反复讨论了企业价值，最终以110亿美元达成共识。虽然这一数字已经接近取缔役会设定的上限，但我们提出的其他诸多条件，包括调整合资公司持股比例等，他们都接受了。所以，我当下就决定了在此基础上达成这一收购交易。当然，此后还需要取缔役会的正式审批。

"All done（总算谈成了）！"

史毕福先生说道。

"眼下这样的条款，您那边应该可以向 ABB 董事会交代，我这边应该也能得到日立取缔役会的审批了。"

我回应着与他紧紧握手。

走出酒店，阳光透过云层柔和地洒下来。我直奔机场，于当地时间下午6点多再次登上了飞机。这趟出差可真是弹指之间啊，停留时间总共还不到27个小时。实在是不轻松。

返回日本后，经取缔役会审批，我们于12月17日正式公布了收购计划。根据协议，日立与ABB将成立合资公司日立ABB电网（后更名为日立能源），日立出资

80.1%，ABB 出资 19.9%。随后，我们在 2022 财年再次追加出资，将合资公司转变为全资子公司，最终总费用达到了约 1 兆 2000 亿日元。

在公布收购计划后的媒体发布会上，我表示：此次以小博大的收购，就如同主动召唤黑船⊖。这是一次将日立推向世界舞台的收购。

"收购价格是不是太高了？"

"之后如果不能顺利合并可怎么办呢？"

担忧之声不绝于耳，但我还是冷静地打起了算盘。

ABB 的电网事业拥有工厂和产品等资产，即使合资公司不能如期盈利，也可以通过出售将损失降至最低。如果没有这样长远的考量，恐怕我也没法做出高达 1 兆日元的收购决策。

2.8 万人的工程师队伍

最后，让我们聊一聊同样以 1 兆日元收购的 GlobalLogic。GlobalLogic 是一家提供数字工程服务的公司，凭借

⊖ 江户幕府末期抵日的外国船，因船体涂以黑色而得名。特指 1853 年佩里所率舰队，迫使日本开放国门。后成为西方资本主义列强向日本施加压力的象征。——译者注

全球团队为客户提供迅捷的一站式服务，包括以用户服务体验为前提的设计、实际的系统设计及开发等。美国麦当劳普遍使用的触屏式点餐系统就是该公司设计的。消费者在触屏上选择肉饼种类和配菜，下单制作自己喜欢的汉堡，并且只要登录 ID 信息，之后还可以自动选择根据自己爱好定制的汉堡。这种简单易用的设计，推动了移动点餐（手机下单）的普及，提升了顾客满意度，改善了麦当劳的运营效率。

展望 2025 年，随着 5G 和 6G 在通信网络中的普及，IT 世界必将发生巨变。目前整个商务还是分层控制的，有云计算，有工厂边缘计算，还有生产一线的机器人和设备运转。但是到了 5G 时代，软件将进入装置终端内部，直接与云端相连。就汽车而言，车辆本身就是装置终端，其中的软件将直接和云端相连。

要在这样一个时代，与信息通信领域的竞争对手展开较量，IT 技术人员的队伍不可或缺。日立拥有一批为银行和基础设施等开发关键任务系统的技术人员，但如果想在 5G 世界大干一场，那么我们所拥有的数字人才还远远不够。GlobalLogic 拥有从装置终端到云端的全面技术能力和快速开发能力，与客户协创打造新服务的设计能力，以及良好的客户基础，这些对日立来说都颇具吸引力。

"GlobalLogic 拥有 2 万多名 IT 工程师。有他们加入，日立将变得更加强大。值得我们拿出 1 兆日元。"

我就是这样想的。

GlobalLogic 在 IT 行业拥有极高人气，凭借作为客户军师开展的 DX 业务，GlobalLogic 从谷歌、亚马逊等大型科技公司吸引了众多人才。不仅如此，除了美国硅谷，GlobalLogic 还在日本、英国、德国、印度等世界其他地区配备了约 300 名招聘人员。作为人才招募工作的一环，它们与全球约 80 所大学合作，派遣员工担任讲师。GlobalLogic 的这种人才获取机能对日立来说也极富吸引力。截至 2022 财年，GlobalLogic 共拥有 2.8 万名工程师，而且这一数字还在以每年数千人的规模持续增长。

GlobalLogic 并不像 ABB 那样保有资产，它们拥有的只是人才。可以说收购之后就没有退路了，因此是一个更加艰难的决策，但最终我还是毅然做出了决断。取缔役会上有人反对，说"收购价格太高了"，就此我也进行了进一步说明，请他们理解这是一笔对未来的投资。

在推进这一连串收购的过程中，我始终抱着要让日立在各事业领域登上世界榜首的愿景，来做各项决策。我们不断收购的，正是成为世界第一所必需的部分。

完成 ABB 电网事业收购，日立将在该领域成为世界第一；完成泰雷兹集团铁路信号事业收购，日立在该领域也将登上榜首。我们要做的，就是树立"日立必将成为世界第一"的自信，凭借"One Hitachi"在社会创新事业方面领先全球。这就是我的终极目标。

第8章

我的经营理念
自律分散型全球经营

全球各网点自主运行

本章将介绍我一贯的经营理念——自律分散型全球经营。

简单来说，自律分散型全球经营的理念就是：全球各网点并不唯日本日立总部的决策马首是瞻，而是在共享日立共同理念和资源的基础上，各自自主开展工作。

这一考量的出发点主要在于，如果全球各网点相互依赖，一旦发生自然灾害或地区冲突，区域形势突变，就可能导致一损俱损的局面。

自1910年创业以来，一百多年间日立从日本走向了全球，事业舞台发生了巨大的变化。2021财年，日立在日本以外地区的集团公司达到696家，全球年销售额10兆2646亿日元中，日本以外地区的年销售额达到了6兆775亿日元，占比达59%。前文提到过，日立在全球拥有30多万名员工，其中日本以外地区占了大约6成。而实际上，在2014年3月，我即将接任社长的时候，日本以外地区的年销售额占比就已经达到45%了。

要在全球竞争中生存下来，并一跃成为跻身世界竞争者行列的"全球公司"，速度必不可少。最了解各地区情况和需求的是在当地工作的人们，但如果他们需要等待总部决策的话就会花费太多时间。

因此，我们在每个地区都配置了总代表，下放部分权限，鼓励自主且快速地推进事业。除制定战略、推进本土化、有效利用经营资源等权限外，各地区总代表还有权投资具备发展潜力的新事业领域，并负责收回投资及投资的盈亏，自主主导业务。这就是自律分散型全球经营的基本构想。

正如前文所述，我在接任社长后公布了自律分散型全球经营的想法。但彼时我们并没有做好充分准备。

全球各网点误以为自律分散就是"各自单打独斗开展业务"，于是分别在客户服务第一线开始独自推进业务，并在日立美国、日立亚洲等称谓后面加上了"总部"二字，开始自称为日立某地区总部。

各地区单打独斗的商务模式效率很低，可以说是与自律分散型全球经营的初衷完全不沾边的。

就像"glocal"一词的由来——global（全球化）+ local（本土化），自律分散型全球经营的精髓正在于，通过与全球其他地区分享本地开展业务的成功经验和技术积累，发展全球性优化业务。然而，"全球性优化"这一点没有得到大家的理解。

因此，我们决定暂时放下自律分散型全球经营的大旗，先建立一个共通的数字平台，以消除自律分散造成的低效率。这就是 Lumada。

原点就在 ATOS

自律分散型全球经营这一构想的来源，其实正是东京圈运输管理系统 ATOS。

ATOS 是我在大瓮工厂时所负责的 JR 东日本铁路运行管理系统。通过导入该系统，可将以往的手动信号切换转变为系统自动控制。在第 5 章中，我曾讲述过导入该系统时所遭遇的失败事故。其实，ATOS 就是一个自律分散系统，因为解释起来比较复杂所以并未在前文有所赘述。

不仅限于信号机自动控制系统，其他控制计算机系统也可大致分为两类。

一种是集中式系统，即权限集中在中央计算机上，中央计算机通过网络连接末端计算机并发送指令，对整个系统进行统一控制。

另一种就是自律分散系统，网络末端的计算机根据中央计算机发送的信息，对其管辖区域进行自主控制。这就类似于政治上所说的中央集权和地方分权。

自律分散系统有三大特点：同一性、可控性和协调性。

系统末端计算机里搭载的机制都是一样的，这就是同一性。也就是说，算法是相同的：一辆这样的电车行驶过来，就要采取这样的控制。每台计算机中的程序都是一样的，不同的只是相关设置。在 ATOS 中，除通用信息外，各车站的计算机里还输入了各车站的时刻表、列车晚点及发生事故时的应对措施等。

可控性指的是，系统末端各计算机不是根据中央指令行事，而是自主独立地控制其管辖区域。以 ATOS 来说，就是不用等待中央司令部的指示，各车站 ATOS 都可做出决断并发出适当的指令，比如"快速进入 2 号线""快速通过 1 号线"等。这样便可以做到实时响应。

协调性，换句话说指的就是"不会增添麻烦"。在集中式系统中，如果系统末端的某一台计算机出现故障，中央计算机就有可能受到影响，从而导致整个系统瘫痪。而在自律分散系统中，某一台计算机的故障并不会波及整个系统。以 ATOS 来说，就是即使某座车站的系统发生了故障，也不会导致全线停运。只需中断通往故障车站的运行，切换为相邻两座车站之间的往返运行，或是立即生成延迟班次表，就可以最大限度减少对整条线路的影响。在此过程中，相关各车站的 ATOS 也会协调处理故障。这也是另一种意义上的协调性。

经营的引擎

自律分散系统还有其他一些优势。

就集中式系统而言，在中央和末端的所有计算机未完成导入前，系统一般无法运行。但在自律分散系统中，完成计算机导入的辖区立即就可以开始运行，系统导入可以逐步展开。

ATOS 导入东京中央本线的时候，也是从相模湖站开始依次逐个车站导入的，之所以能采取这样的方式，正是基于自律分散系统。如果当时使用的是集中式系统，那么从甲府站到东京站，在所有车站全部完成导入前，系统都不能运行，就只能一直维持信号手动切换。此外，将车站信号系统从手动控制转换至自动控制系统，需要一定的作业时间。如果要在同一时间转换所有车站的全部系统，那整条中央线将不得不停运数日。也就是说，要实现东京地区 JR 各车站信号系统自动化，就必须采用自律分散系统。

那么，我们再回过头来说说自律分散型全球经营。

我的构想就和 ATOS 一样，具有三个特点：同一性、可控性和协调性。

经营的同一性，主要体现在企业理念、品牌、人事等集团事务部门。日立全体员工和各事业线要共享企业理念，共同守护品牌价值。

经营的可控性呢？就是指要将权限和责任下放给日立在全球的各个业务区域代表及日本的各 BU，让它们能够独立决断并自主开展业务，而不必凡事都等待总部来做决策。

经营的协调性指的则是，各地区在自主开展业务时，要尽力避免所属地区的业务问题影响到其他地区，同时也要避免被其他地区业务问题所波及。此外，各部门与 BU 在自主的同时，也要共享经营战略及经营资源，互相合作，这也是协调性的一个体现。

本书中提到的 Lumada 和 BU 制，本身也是自律分散型全球经营的一环。

通过共享 Lumada 这一共同的经营资源，实现同一性。同时，基于共享的资源促生协调性，规避相互依赖的风险。我觉得大概就是这个意思。

BU制可以看作赋予各地区和各事业线可控性和协调性的制度。通过下放一定的权限给地区代表和BU CEO，让他们拥有独立决断并快速开展业务的可控性。在此之上，再通过让他们对收益负责，避免部门之间互相依赖，规避因某个部门发生问题而产生大面积影响，这就是协调性。

图8-1展示了自律分散型全球经营的思路。

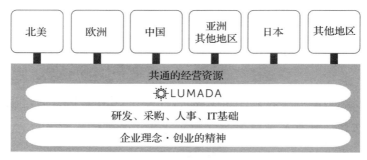

图8-1　自律分散型全球经营的思路

经营基础的通用化与成本的削减

我没有向员工详细说明过同一性或协调性的相关内容，但我始终将这一经营理念视为核心。

在通过18中计实现了营业利润率8%时，我曾想过：

"从可控性和协调性的角度来看,这应该足以说明自律分散型全球经营很好地发挥了作用吧。"

不过,同一性方面确实还存在问题。

实际上,我曾考虑在启动 Lumada 之后,立刻在全球范围内推进公司内部经营改革。但这并不容易。直到 3 年后的 2019 年,我们才终于真正开始行动。

推动我们前进的,正是从 ABB 获得的经营资源。

ABB 在经营管理方面 IT 化程度很高,他们构建了先进的企业资源计划(Enterprise Resource Planning,ERP)系统。ERP 是管理公司各种数据的 IT 系统,涉及财务、销售、工厂生产、人力薪资等。

同时,ABB 在经营管理方面,与自律分散型的理念非常近似。全球分公司和当地法人的财务、人事、采购系统、公司内 DX 等职能全都集中在 GBS(Global Business Service)上。一般来说,各法人或分公司的人事部门及采购部门都是各自负责工资结算、支付、接发订单的,而在这方面,ABB 很早就建立了一个由 GBS 进行集中管理的系统。

我们斥资超过 1 兆日元收购 ABB 的电网事业,不仅是为了在输配电网业务领域获得在全球领先的市场份额,也是因为 ABB 的经营资源对日立来说确实很有吸引力。

通过收购，ABB 电网事业转变为日立能源，我们也得以活用其经营资源。目前，我们正在将财务、人事、采购系统及公司内部 IT 等管理业务整合至 GBS。

这样做的目的就是整合所有部门的共通工作，比如会计和工资核算等。换句话说，就是将全公司共通的管理部门事务，在公司内进行外包。将这些工作集中至人工费较低的地区，以实现成本的削减。

当然，各国法律不同，不可能事事通用。我们所追求的，是通过各 BU 和集团公司可共通使用的 GBS，在全球范围内实现管理部门的作业统一化。

力争实现预测型经营

目前，我们正在开展进一步的工作，计划将各集团公司各自运行的 ERP 系统整合到全球共通的系统架构中。这将有助于建立集团内各公司共通的人力资源管理系统及采购系统，并能够针对竞争激烈的事业，在人才及经营资产的转移和事业重组等方面做出迅速反应。

构建共通的 ERP 平台，集中管理经营数据，并与其他通用 IT 平台相连，有助于加速数据驱动管理（根据数据制定决策）及公司内部 DX。

同时，我们还在推动将客户信息也整合至全球通用的客户关系管理系统（CRM）。

何处有怎样的市场，有怎样的客户，集团内有哪些针对该市场及客户的项目？通过将宏观市场信息，以及集团内各公司的客户联系记录、订单信息、商谈渠道、竞争信息等进行共享和可视化，将有望改善销售状况，提升营业效率。

各 BU 和集团内公司都分别将客户信息保管在各自的系统中，独立接洽客户，这样做其实效率不高。我们收购的 ABB 电网事业就拥有超过 1.5 万条客户渠道，数量非常庞大。

我认为，这正是整合客户相关信息的难得机会。

ERP 和 CRM 的先进性提升了实现预测型经营的可能性。如果能够运用 AI，根据 ERP 积累的全球各集团公司经营数据，做出业绩预测及分析，那么就可以尽早把握业绩恶化的潜在风险，并探讨改善的可能性。

此外，我还期望能将其应用于风险信息预测、采购供应链适应性预测以及碳排放预测等。

日立集团核心价值观

在自律分散型全球经营中,同一性、可控性、协调性都是重要因素。但关于同一性,我也有感到比较困难的地方。

那就是员工的意识,这是组织规则、执行手册或 IT 技术等无法涵盖的。具体来说就是,难以让所有员工都认同并秉持日立的企业理念和创业的精神。

特别是为了未来进一步发展而收购的企业,包括 GlobalLogic 等公司在内,数万名新伙伴加入日立集团,想要所有员工都认同并秉持日立的企业理念和创业的精神并非易事。

因此,为了让非日籍员工更容易理解,我们在 2013 年对日立的企业理念和创业的精神进行了再定义,统称为"日立集团核心价值观",在集团内推广普及。图 8-2 展示了日立集团核心价值观。

例如,将"通过优秀的自主技术及产品开发贡献社会"这一企业理念,再定义为"MISSION(使命)= 日立集团肩负的社会使命"。创业的精神"和·诚·开拓者精神"被再定义为"VALUES(价值)= 日立集团为实现使命而尊崇的价值"。再加上"VISION(愿景)= 日立集团面向未来的理想愿景"。由此三者构成的，就是"日立集团核心价值观"。

图 8-2　日立集团核心价值观

使命和价值是不变的，但愿景会随着时代发展而变化。当前的愿景是，通过社会创新事业为世界做出贡献，即"日立，以创新开启解决之道，以优秀的团队和丰富的全球市场经验，为世界注入新的活力"。

此外，我们还在日立的创业之地建立了"Hitachi Origin Park"，于 2021 年正式对外开放。该博物馆由"小平⊖纪念馆""创业小屋""大甕俱乐部""大甕高尔夫俱乐部"等组成。在小平纪念馆中，通俗易懂地展示了日立的

⊖ 指代日立公司创始人小平浪平先生。——译者注

企业理念、创业的精神以及日立贡献社会的历史等。我们还修复了作为日立原点的创业小屋，将其作为日立创业的精神代表。

Hitachi Origin Park 的开放，其目的之一当然是让日本乃至全球的商务伙伴们更加了解日立，同时希望向日立的员工们讲述日立的历史和精神，唤起员工对日立的热爱之情。我希望能够组织全球的日立集团管理人员依次走进 Hitachi Origin Park，承继日立的 DNA。此外，为了能让更多员工了解日立，我们还开通了可以在线参观该博物馆的功能。

前路迢迢

如上所述，为了实现自律分散型全球经营，我们采取了各种措施，但目前还未达到理想状态。前路迢迢，仍需努力。

对此，我想请诸位回想一下自律分散系统 ATOS 的一个特点：它可以逐个车站依次导入，逐步拓展。这正是自律分散的独到之处。

经营管理也一样。自律分散型全球经营既不是必须同步在全球范围内达成，也不会只因某处发生问题就导致整个组织功能受限。我们可以一个地区、一个网点、一个部门，逐步拓展。

为了继续向自律分散型全球经营的理想状态前进，我们从2022年起以北美为中心强化了事业体制。为了加速日立集团，特别是日本以外地区数字化业务的发展，我们以位于北美地区的日立数字公司为中心，确立了相关体制，负责制定并推进横跨整个日立集团的全球数字战略。期待以北美为起点，在全球范围内扩大Lumada事业，推动DX业务加速成长。

此外，面对脱碳化社会和循环经济等大目标，为了在实现自身发展的同时积极贡献可持续发展社会，我们新设了首席可持续发展官一职，负责制定并推进基于可持续发展整体考量的全球环境战略，在以环境为轴心的日立，引领集团整体探索事业机会并创造价值，推动绿色化转型（Green Transformation，GX）业务发展，推动日立实现可持续发展。

为实现自律分散型全球经营，日立正在一步步向前迈进。

第9章 为了日立的未来

公司治理的改革

我觉得，日立之所以能够走出经营危机实现V字复苏，迈上成长之路，原因之一就在于开展了持续的公司治理改革。

很多人可能都知道，日本的上市公司，按其治理结构可分为三类：①设有监事会的公司；②设有提名委员会等组织的公司；③设有监察等委员会的公司。

第一类，设有监事会的公司。取缔役会拥有决策权和执行权，监事会负责监察取缔役履职是否有违法令或章程，是否有违道德伦理，是否违背公司利益等。过去，日本的大多数上市公司都是这一类的。

第二类，设有提名委员会等组织的公司。此类公司通常设置有提名委员会、监察委员会、薪酬委员会。提名委员会拥有任免经营管理高层干部的权力，薪酬委员会负责确定取缔役和执行役的薪酬。各委员会至少由三名取缔役组成,且外部取缔役占比必须过半。这类公司中设有取缔役和执行役,取缔役会的职责是做出重大决策及监督执行役,执行役接受取缔役会的任命并履职。也就是说,取缔役会是监督者,执行役是执行者(player)。取缔役兼执行役其实就是 playing manager(同时肩负执行与监督)。

第三类,设有监察等委员会的公司。其制度介于第一类和第二类公司之间,以 2015 年实施的日本修订版《公司法》为依据。

言归正传,同近年来许多上市公司一样,日立自 2003 年起转变为第二类——设有提名委员会等组织的公司。

在这类公司中,经营管理的监督和执行是分离的。原则上,取缔役会负责监督执行役,且有义务任命外部取缔役。但实际上,在很多上市公司里大部分的取缔役还兼任执行役,外部取缔役只是摆设,内部取缔役兼执行役拥有极高权限,可对重大事项做出决策。日立曾经就是这样。

没有揣度,没有事前疏通

出于对这种治理状态导致经营危机的反省,自川村先生时期开始,日立便着手展开了公司治理的相关改革。增加外部取缔役比例，并给予取缔役会更多权力。

"执行役社长或 CEO 拥有绝对的权力。为防止他们失控妄为，就必须有可靠的外部取缔役。"

这就是川村先生和中西先生的想法。

在川村先生和中西先生执掌日立期间，为了在经营管理中体现全球战略的多元价值观，进一步确保经营管理在监督与执行上的独立，日立于 2012 年首次任命了非日籍人员担任外部取缔役，且实现了外部取缔役占比过半。经营管理的监督与执行相互独立，在欧美是理所当然的。但直到那一年，日立才终于做到了这一点。

2014 年我接任社长后，也担任了公司的取缔役，开始参与取缔役会活动，初期真的是很不容易。

外部取缔役们完全没有通融的余地。如果他们认为某件事对经营不利，就会坚决反对到底。就重要议题进行事前说明并取得理解，这种日本式的事前疏通完全行不通。因此，大家在取缔役会上的交锋总是真刀真枪，非常激烈。

不过也正因如此，取缔役会才能发挥其作为最高经营决策组织的作用。如果一个取缔役会的大部分取缔役都兼任执行役，且内部取缔役占多数，那么取缔役会就无法真正履行监督执行役的作用。

2016年我担任CEO后，取缔役会中也一直是外部取缔役占多数。到2022财年，12名取缔役中有9人来自日立外部，包括4名日籍男士、3名外籍男士、2名外籍女士。内部取缔役3人，兼任执行役的只有我和担任社长的小岛。提名委员会、薪酬委员会、监察委员会的负责人均由外部取缔役担任，取缔役的组成由提名委员会决定。

虽然听起来可能有点奇怪，但像日立这样取缔役会如此独立于公司的日本企业真的不多。

取缔役的支持

我担任执行役期间，也曾多次得到取缔役的帮助。

彼时，英国核电业务的撤出曾是一个非常艰难的经营决断，因为涉及日本政府推进社会基础设施事业出口的相关策略。正如前文所述，正是取缔役纷纷表示："继续开展这项业务有违经济合理性。应该撤出。"取缔役会才最终确定了撤出这项业务的大方向。

而GlobalLogic的收购在最初遭到了多位取缔役反对，我们花了很大力气才最终获得了他们的理解。理由是：收购价格远高于企业价值。

企业价值评估的指标之一是企业价值倍数（EV/EBITDA）。其中 EV（Enterprise Value）是企业价值，即收购价格，EBITDA（Earnings Before Interest, Taxes, Depreciation and Amortization）是未计利息、税项、折旧及摊销前的利润。企业价值倍数一般为 6～7 倍，上限为 10 倍，企业价值倍数过高就意味着企业价值被高估。

然而，GlobalLogic 的企业价值倍数达到了 34 倍。这个数字异常高，但实际上对制造行业来说 10 倍已是上限，而在数字行业中特别是成长期的企业，企业价值倍数达到 30 倍、40 倍不足为奇。

在多名取缔役的反对声中，也有坚定支持收购的取缔役，

"绝对应该去做。相比收购带来的风险，不去做的话将来面临的风险更大。"

这让我深受鼓舞，再次坚定了决心。

"是的，为了日立的未来，收购势在必行！"

于是，在取缔役会正式召开前，我和德永俊昭执行役专务（现任副社长）一起，分别向每一位取缔役解释说明了此次收购的重要性。

最终，收购项目得到了取缔役会的批准。

在日立的取缔役会上，我们可以就收购利弊，以及日

立的未来发展方向展开探讨，真正做到开诚布公，真刀真枪地讨论事情。

接下来我也会谈到人才培养的话题，日立的取缔役对人才培养抱着极大的热情并积极参与。常听到他们说"我会尽力培养经营管理干部候选人""请在经营管理干部候选人培训课程中加入我的讲义"。日立已经形成了自身独有的非常良好的取缔役会形态，这让人深感欣慰。

全球人才管理

毋庸置疑，企业最宝贵的就是人才，人才就是企业的生命线。无论企业规模大小，都是如此。

日立集团自 2000 年起加速全球化，日本以外地区员工的比例，从 2000 年 3 月的 20%，上升至 2009 年的 35%。在我就任 CEO 的 2016 年，这一数字更是达到了 44%。虽然统称为日立集团，但实际上结构非常复杂。日立制作所拥有多家公司总部和众多全球网点，在全世界还有许多子公司，子公司下面又有子公司。截至 2023 年，我们在全球的集团公司总数超过了 700 家。

随着全球范围内员工人数的增加，如何建立全球共通的人才管理（人事制度），并确保全球员工对日立的理念和创业的精神达成共识，成为一个很大的课题。

为此，我们从中西先生执掌日立时期打造的"全球人才数据库"入手，建立了人才管理制度和教育系统——全球人才管理平台，并不断加以改进，目的就在于要使人才数据库、职位评级、人才培养制度等人事制度，可以在全球范围内拥有一个共通的平台。

在全球人才数据库中，我们建立了员工信息数据库，从而全面把握全球各地的人才配置。同时，还开启了"全球领导力开发"这一机制，从全球人才中选拔约500人进行培养，以改善人才培养制度。

2013财年，我们导入了"日立全球等级"制度，对全球约5万名经理级别（管理职）人员进行评级。2014财年，又导入了"全球绩效管理"制度，对管理职人员实施基于岗位职能（JOB型）的人才管理。

自2015财年起，我们建立了教育平台"Hitachi University"，供全球员工使用。该平台上线了来自日立集团公司日立学院及外部培训机构的诸多课程，员工们可以听取在线讲座，学习语言课程、IT技能等。

同时，我们还进一步优化了全球人才数据库，导入了"Workday"人才管理统括平台，将全球员工的履历及资质进行汇总，实现了人才的可视化。此外，为了在全球推进"适才适所"的人事与培训，在日本国内我们还制作了"job description"（岗位职责说明），对所有员工的角色、分担工作以及必备技能进行规范，在全集团推进基于岗位职能（JOB型）的人才管理。

全球通用的人事制度和人才培养制度，是全球化企业必备的管理基础，对提升员工的技能和积极性，以及在全球范围内推进适才适所的人事工作，均有巨大的推动作用。

公司的发展离不开员工的成长。如果没有一个可以让每个员工都能根据对自身职业规划的思考申请志愿岗位，并接受相应的培训的职场环境，那和传统的年功序列制又有什么区别呢？又怎么能吸引优秀的年轻人、资深人士和全球化人才加入呢？今后，日立还将进一步充实技能再培训、在职培养等培训课程，努力培养人才并提高公司竞争力。

打破"大树底下好乘凉"

在企业人事制度和人才培养中，提高整体的技能，以及适才适所的人才配置非常重要。同时，培养能够肩负

"未来的日立"的高管接班人也很重要。为了培养这样的人才，在我的倡议下，日立于2017财年启动了早期人才培养计划"Future 50"。

如前一节所述，日立的人才委员会建立起有计划的人才培养机制，每年挑选表现突出的约500名员工，给予他们更具挑战的职务。

那么在此基础上，面向更少数精英员工开展的培训就是"Future 50"。每年选拔50名三四十岁的年轻员工参与该课程。当然，不仅限于日籍员工。在本课程中，学员们会对自身所在职场以外的业务展开研究，并向社长和副社长做战略报告。随后，学员们还会接受为期3年的培训，包括与社长的一对一面谈、取缔役会提名委员会的高管委员讲座、外部经营管理人才培训，以及在各自所属部门和岗位上接受艰巨的课题挑战。

培训结束后，其中那些"最适合"的人才，将被派往国内外诸多更具挑战的岗位，如担任集团公司社长或事业部长等高管，接受进一步锻炼。

为了挑选出这50名高管候选人，我确实花了不少时间。自2017年起，我们开始以人才委员会推选的100名候选人为对象，举办社长午餐会活动。连续20多天，我每天和 5 位候选人共进午餐。每天的菜单都是三明治。20 天一直吃一样的东西真的有些腻，说实话挺不容易的。

55 岁那年，我出任集团公司日立工业设备技术的社长。在那之前，我只要专注完成自己专业领域内的任务就可以了，但是成为社长后情况就不同了。我不仅要关注业务，还要关注财务、人事、人才培养等公司的方方面面，要带领员工们一起向前走。虽然在紧急情况下总部会伸出援手，但我们和总部的经营管理者所承担的责任并不相同，我们也绝不能让公司出现赤字。每年都需要全神贯注真刀真枪地去拼搏，这种作为"一国一城之主"的经验，对我来说也是十分宝贵。

其实 55 岁还是太晚了。在全球，有很多人 40 多岁或 50 岁出头时就已经在国际舞台上历经风雨了。而日立的员工很缺乏这方面的经验。

特别是日本人"大树底下好乘凉"的意识比较重，缺乏在全球严峻商业环境中拼搏到底的气概。我觉得，为了培养未来的经营干部，需要让三四十岁的优秀员工通过履职集团公司高层获得相应的经验。这一点也得到了外籍外部取缔役的高度赞同。

选拔优秀人才并对其进行为期 3 年的培训，让其肩负起适当的责任，并在此基础上接受进一步锻炼。这就是"Future 50"的初衷。

该培训项目一期毕业生谷口润先生，被提拔为日立全球生活解决方案（从事家电事业）的社长。谷口先生曾是一名控制系统工程师，为了培养他的经营管理视角，运用数字技术进一步发展家电事业，我们特别任命他担任家电制造和销售的最高负责人，这是与他以往岗位完全不同的领域。现在，谷口先生作为执行役常务，还担任了位于美国硅谷的日立数字公司的 CEO，负责集团的数字战略。此外，一位同样是一期毕业生的女士，被派驻欧洲某铁路业务集团公司，在经营企划部出任部长级岗位。此前她曾在 IT 部门负责销售工作。

目前，成功就任集团公司高层的"毕业生"已达到 4 人。

投资初创企业

着眼于日立的未来，我们还在积极投资前景广阔、发展预期良好的企业。我们在德国成立了一家企业风险投资（Corporate Venture Capital，CVC）公司，通过两只 CVC 基金开展投资，帮助初创企业进行创新。两只基金的规模均为 1.5 亿美元。

1 号基金成立于 2019 年 12 月,投资了 10 多家初创企业,这些企业有望在日立集团涵盖的业务领域,进行数字技术和新商业模式的创新。另一只 CVC 基金成立于 2021 年 10 月,投资了 5 家以上的初创企业。这些企业正在以脱碳、精密医疗等环境和医疗健康产业为中心,在符合日立成长战略的领域,进行先进技术和商业模式的创新。

我们计划在 2024 中期经营计划(简称 24 中计)期间将该投资规模扩大至 500 亿日元,对具有发展潜力的企业持续开展积极投资。

风险投资的目的在于,将初创企业的创新与日立的技术和知识相融合,打造针对社会课题的解决方案,并促成其商业化。同时我们也希望通过与初创企业合作,加速推动 Lumada 发展。

除此之外,我们看重的还有尖端技术信息的获取。当今世界上有什么样的初创企业,在尝试运用什么样的技术,开展什么样的创新?我们认为,通过投资去了解这些也是非常重要的。

比如,在医疗领域有具备某类技术的初创企业;在脱碳领域有尝试用某种技术开展创新的初创企业。日立的各

BU必须把握这些信息，并将其视为着眼于未来的商业萌芽，这是非常重要的。日立的投资目的正在于此。如有必要，接下来也会考虑在未来将这些初创企业纳入日立集团。

"被动领命"可不行

最后，我想再聊一下未来投资本部。正如字面意思一样，为了日立的未来，2017年我们在日立总部内设立了该部门，专门负责对尖端业务开展前期投资。该部门归属集团事务部，是社长直属部门。

未来投资本部的主要任务在于，把握机器人、人工智能、互联移动等新一代技术潮流和世界变化趋势，探讨中长期强化领域，以及项目统括。

未来投资本部成立之前，自2015年起我们还在日立集团内启动了创客大赛活动"Make a Difference！"⊖。从员工中募集创意，并选出有望成为实际业务的项目，推动其实现商业化。

接任社长后我到一线考察，发觉员工们有一种"被动领命"的状态，这可不行。

⊖ 意为"有所作为"。——译者注

如果不亲身参与，是无法调动起自身积极性的。对于亲身参与并主动推进的事情，态度就会更加积极。人类的 DNA 本就如此。

我深刻地感受到，日立需要建立这样一种机制，去激发员工的积极性，从而让员工们自发地绞尽脑汁开展业务，自主提出"我想做这样的工作""我想开展这样的业务"。

在工厂里，有一种"小组活动"的传统，几名员工组成一个小组，共同对一线作业进行改进。我在大瓮工厂担任设计部长时，也曾做过小组活动的负责人。当时，作为小组活动的一环，我们曾在厂里举办过一次"IT 奥林匹克"创意大赛。

那一年恰逢悉尼奥运会，大赛的一等奖奖品就设定为悉尼双人游。大瓮工厂在 OT 方面实力很强，但 IT 能力较弱，所以也想借此强化 IT 方面的能力。最终胜出的创意是一款可以抵御黑客攻击的路由器，即使网络被入侵也不会造成信息泄露。这款路由器在那之后成功实现了商品化。

"Make a Difference!"其实就是大瓮工厂举办的"IT 奥林匹克"活动的集团拓展版。不同的是，一等奖奖品不再是旅游，而是能够将自己的创意真正商业化的机会。给大家讲个成功商业化的例子——传染病预报服务。

这个构思创意源于一位研究人员，他是三个孩子的父亲，构思初衷是"想保护孩子远离流感"。于是，他开发了一种"流行病预测 AI"，通过汇总流感等传染病的感染人数这类开放数据，以及过往的感染地区及时间等各类信息，并让 AI 进行学习，之后再像天气预报一样，对今后四周内的流感传染状况做出预测。

这个构思创意在 2017 财年的创客大赛中获得了银奖，2019 年末开始在日本埼玉市启动实用测试，2020 年起正式推出相关业务。在正式对外提供此项业务之前，新冠疫情已开始蔓延。通过实用测试，我们切实地把握到了外界对于该服务的真实需求：约 80% 的用户反馈"基于该预报采取了更积极的预防措施"，约 70% 的用户表示"期待该服务今后持续提供"。

仅以表彰结束太过可惜

即使是非常优秀的创意，也有实在无法在创意人当前所属部门或公司进一步深化推进的情况。对于这样的创意，如果仅以表彰结束未免太过可惜。为此，我们于

2017 年设立了未来投资本部。在目前的部门或公司无法深入开展，或与当前工作很难兼顾时，就将相关人员调至未来投资本部。

"社会基础设施维护平台"就是经未来投资本部推进，实现商用化的项目之一，该平台可有效管理水和煤气管道等埋设于地下的基础设施。我们开发了检测水管漏水的振动传感器，构建了可检测漏水区域的系统。漏水会引发漏水点周边煤气管道被腐蚀，最终导致气体泄漏。通过导入该系统就可以做到防患于未然。

该系统首次交付日本熊本市时，其高精度备受赞誉，之后我们也接到了来自日本十几个地方自治体的业务洽谈。自然，这也是 Lumada 事业的一部分。

在未来投资本部进一步推动的项目中，还有已经成立了公司并实现了事业化的。这就是成立于 2020 年 7 月，位于日立中央研究所"协创之森"的 Happiness Planet。

该公司的 CEO 就是未来投资本部 Happiness 项目的负责人矢野和男先生，他通过对人们的无意识肢体动作等数据进行分析，围绕人类幸福感展开了超过 15 年的研究。通过智能手机和可穿戴设备对人们的无意识肢体动作进行监测，解释了无意识肢体动作与幸福感之间的关系，以及员工关系对幸福感的影响等。

这一研究原本是在未来投资本部中面向实用化推进的，但后来我们发现，只有让相关人员自立门户，而非留在日立既有事业部，才能让该研究项目实现加速发展。于是，我们放手让该研究团队创立了新公司，围绕增强组织活力和提升幸福感开发并提供应用程序及服务，为企业提供工作方式改革等经营管理支持业务，为提升人们的幸福指数做出贡献。

不做温水里的青蛙

未来投资本部于 2021 财年完成了自身使命，将经过深入探讨的各事业，转移到了适当的事业部或研究开发集团。进入 2022 财年，我们新设立了"创新成长战略本部"，放眼 2050 年的社会持续推进项目开发。

通过加强面向初创企业的投资与合作，包括人工光合作用、细胞医疗、量子计算机等项目在内，进一步加速整个集团的开拓创新。

未来投资本部当然是以培育事业萌芽为目标的，但同时也是为了激发组织活性。员工提出新的业务想法，如果该创意有发展前景，公司就推动其实现商业化。不这样做，就没法激发组织活性。人都是追求安稳的，如果任其发展，就会倾向安于常规性工作。然而流水不腐，人也一样，如果一味地做同样的事情人就废掉了。

我们需要这样的员工，他们对社会趋势和世界变化保持着敏感的嗅觉，不断探索新业务的可能。这样的员工不断增加，日立的未来才会更有保障。

相反，最糟糕的就是"温水里的青蛙"。这样的人习惯了泡在大企业舒适的池子里，即使水温变得过高也不会有所察觉，就像温水里的青蛙，最终只能被困死在那里。

在我担任 CEO 的六年里，我相信日立已经具备了敏锐把握短期变化、强韧应对的能力。在新冠疫情及俄乌冲突等大环境下，日立集团同样面临着非常严峻的状况，但相比爆出 7873 亿日元大赤字的 2008 财年，我们受到的影响还是很有限的。

不过，我们还不具备敏锐判断未来十年或二十年变化趋势的能力，甚至还差得很远。

我们必须继续保持成为"能赚钱的公司"，为面向未来的投资储备力量，同时我们还要为社会做出贡献，为实现人们的幸福生活而不断前行。这是日立不变的北极星。

为实现进一步发展

正如前文所述,我一直致力于改革,而为我指明方向的就是那两颗北极星——"成为能赚钱的公司"和"成为开展社会创新事业的全球公司"。就任 CEO 后的六年间,我基本上完成了为日立打下基石的工作。现在,日立在日本以外地区的销售额及员工占比均达到约 60%,我可以自豪地说,日立已经成为不折不扣的全球公司。不过,就成为全球引领者来说,我们仍需努力。

接下来,日立将进入以 Lumada 为轴心收获发展成果的阶段,也是时候将中西先生传给我的接力棒交给下一代了。

2021 年 6 月,我成为取缔役会长兼 CEO,2022 年 4 月我卸任 CEO,专注于取缔役会长一职。彼时,接班人正是小岛启二先生。

在小岛 CEO 的领导下,日立持续推进 2024 中期经营计划,凭借数字、绿色、创新,推动社会创新事业进一步发展。

我相信,日立将与 GlobalLogic 及日立能源等新加入集团的全球伙伴携手,发挥协同效应,追求卓越运营,持续开拓新的创新。

即使是创业超过百年的企业,如果不能满足社会的需求也无法生存下去。面对日益复杂的社会课题,日立要持续做一家能够有所贡献的公司。为此,我们必须不惧变化,勇于不断变革。

说到日立,大家就会想起那首日文广告歌《此树是何树》。日立这棵大树,其树干虽然不会有所改变,但它的枝丫、花朵和果实,一定会不断地发生变化吧。

结语

Mission Complete！（使命达成！）——这就是我此刻的心境。

作为一名职场人，我的一切都始于在大瓮工厂的近30年工作经验。

"如果不能让独一无二的自己，不能让仅有一次的人生，好好地走下去，那来到这个世界上还有什么意义呢？"

如正文所述，本句引自山本有三的《路旁之石》。

我进入大瓮工厂时，工厂负责人伊泽省二先生将《路旁之石》中的这句话作为对工厂全员的训示。"各位一生大半时间都在工作，要在工作中寻求自身成长。"对此，我一直铭记于心，并通过工作逐步磨炼自己。

此外，对我来说同样非常珍视的，还有大瓮工厂

"GO 纲领"中倡导的"换位思考再采取行动"。

凭借共感力和利他之心，我在工作中学到了很多，并不断成长。同时，也正是这样的态度与一线经验，让我走上了日立社长、会长这样的岗位。

至今 45 年间，我在工作中一直坚持追求自我成长，不断与各种"壁垒"展开正面较量。我很讨厌遇事就找借口或往后退的做法，经常把眼前的课题视为"自己的事情"，为之奔走到底。随着担任的职位不断升高，与人交往的机会和经验也不断增加。有赖于此，我才一步步走上了更高的舞台。

今后，千禧一代、Z 世代的年轻人将成为公司的核心，这将形成新的企业文化。我们正在步入这样一个时代：解决环境及食物浪费等社会课题，将推动企业价值的提升。在这样一个时代，它需要的绝不是那种仅追求某一家企业利益的人才，而应该是可以发挥主观能动性，视社会课题为己任的人才；拥有共感力，能够理解文化、宗教等的多样性的人才；能协同相关人员共同达成目标的人才。

为培养这样的人才，重要的是创造一个人们可以互相理解并有所共识的社会。我希望，日立可以通过"One Hitachi"为创造这样的社会做出贡献。同时，我也期待日立今后能凭借社会创新事业实现更大发展，登顶全球领先企业。

最后，我要向我生命中遇到和接触过的每一个人致以最诚挚的谢意。衷心感谢各位！

东原敏昭

2023 年 2 月

作者介绍

东原敏昭
（Higashihara Toshiaki）

株式会社日立制作所　取缔役会长

　　1955年出生于日本德岛县。1977年从日本德岛大学工学部毕业后，进入日立制作所。

　　1990年获得美国波士顿大学研究生院计算机科学硕士学位。之后历任日立电力·电机集团大瓮电机本部交通系统设计部长、日立系统解决方案集团信息控制系统事业部电力系统本部长、日立信息·通信集团信息控制系统事业部长、日立电力欧洲社长、日立工业设备技术公司社长、日立基础设施系统集团长兼基础设施系统公司社长等，2014年就任日立制作所执行役社长兼COO。2016年起担任日立制作所执行役社长兼CEO，2021年就任日立制作所执行役会长兼CEO，2022年起担任现任职位。